# Enfance

## ŒUVRES PRINCIPALES

*La Mort d'Ivan Ilitch,* Librio n° 287
*Adolescence*
*Jeunesse*
*Les Cosaques*
*Guerre et Paix*
*Anna Karénine*
*La Sonate à Kreuzer*
*Résurrection*
*Le Père Serge*

# Léon Tolstoï

# Enfance

Traduit du russe par E. Halpérine

# I

## Le gouverneur Karl Ivanovitch

Le 12 août 18.., juste trois jours après le dixième anniversaire de ma naissance, celui où je reçus de si beaux cadeaux, le gouverneur Karl Ivanovitch me réveilla d'un grand coup de chasse-mouches, et si gauchement qu'il faillit faire tomber la petite icône suspendue à la tête de mon lit. La mouche, tuée, certes! me tomba sur la face.

Je sortis le nez de mes couvertures assez à temps pour retenir l'image sainte trébuchante, je jetai la mouche à terre et de mes yeux endormis et fâchés je fixai Karl Ivanovitch.

Enveloppé d'une robe de chambre bigarrée, doublée de ouate et entourée d'une ceinture de même étoffe, coiffé d'un bonnet de tricot rouge, le gouverneur arpentait la chambre en longeant le mur et continuait sa chasse aux mouches.

« Soit, pensai-je, je ne suis qu'un enfant. Mais pourquoi me dérange-t-il?... Pourquoi ne poursuit-il pas les mouches près du lit de Volodia?... Il y en a pourtant... Mais je suis le plus jeune et le plus petit... Voilà pourquoi l'on me tourmente... Il ne pense qu'à cela, sa vie se passe à me contrarier. Il sait bien qu'il m'a réveillé, que j'ai eu peur... mais il fait semblant de ne pas s'en apercevoir... Le dégoûtant personnage!... Sa robe de chambre, son bonnet, sa houppe, tout en lui est dégoûtant. »

Tandis que j'exhalais ainsi mentalement ma mauvaise humeur contre Karl Ivanovitch, il s'approcha de son lit, regarda sa montre qui reposait dans un petit sabot en passementerie suspendu au mur, accrocha son chasse-mouches à un clou et, la mine riante, se tourna vers nous.

— *Auf! Kinder, auf!... s'ist Zeit. Die Mutter ist schon im Saal*[1] *!* cria-t-il, en allemand, de sa voix placide.

Il s'approcha de moi, s'assit sur le pied de mon lit et tira sa tabatière de sa poche. Je feignis de dormir.

Karl Ivanovitch s'offrit d'abord une prise, s'essuya le nez, fit claquer ses doigts, puis, se tournant vers moi, se mit à me chatouiller les talons en souriant :

— *Nun! nun! Faulenzer*[2] *!* dit-il en allemand.

Malgré ma crainte du châtiment, je ne bougeai ni ne répondis. Je me renfonçai davantage dans les oreillers et gigotai de toutes mes forces en tâchant de ne point éclater de rire.

« Qu'il est bon et qu'il nous aime !... me dis-je. Et moi qui viens de penser tant de mal de lui !... »

Je me sentis dépité contre moi-même et contre Karl Ivanovitch. Très énervé je voulais rire et pleurer en même temps.

— *Ach! lassen Sie, Karl Ivanovitch*[3] *!* m'écriai-je avec des larmes en sortant ma tête de dessous les oreillers.

Karl Ivanovitch s'étonna, cessa de me chatouiller et me questionna avec inquiétude.

— Qu'avez-vous ? Avez-vous fait un mauvais rêve ?...

Son visage de bon Allemand, la sympathie qu'il me montrait en tâchant de découvrir la cause de mes larmes les firent couler plus abondamment encore. J'avais honte et je ne comprenais pas que l'instant d'avant j'eusse détesté Karl Ivanovitch et trouvé dégoûtants sa robe de chambre, son bonnet rouge et sa houppe.

À présent, au contraire, je trouvais tout cela très beau. Même, la houppe m'apparaissait comme une preuve de sa bonté.

Je lui répondis qu'un mauvais rêve avait causé mes pleurs. J'avais vu ma mère morte et je suivais son cercueil. Pure invention, car je ne me rappelais nullement mes rêves de la nuit.

Mais quand Karl Ivanovitch, touché par mon récit, se mit à me consoler et à me rassurer, il me sembla avoir réellement eu ce cauchemar, et mes sanglots redoublèrent à cette fiction que je m'étais faite si réelle.

---

1. Debout, enfants, debout !... Il est temps. La mère est déjà au salon.
2. Allons, allons ! paresseux.
3. Ah ! laissez donc, Karl Ivanovitch.

Karl Ivanovitch me quitta. Je passai mes bas et, à mesure que je m'habillais, mes pleurs cessèrent. Mais la triste image évoquée par mon rêve imaginaire ne me quittait pas.

Nikolaï, le diadka[1], entra. C'était un petit homme propret, toujours sérieux et respectueux, grand ami de Karl Ivanovitch. Il nous apportait nos habits et nos chaussures ; à Volodia, ses bottes, et à moi les insupportables souliers à bouffettes que je portais encore. J'eus honte de pleurer devant lui. D'ailleurs le soleil matinal entrait si gaiement par les fenêtres, et Volodia, devant sa table de toilette, singeait avec tant de drôlerie Maria Ivanovna, la gouvernante de notre sœur, que même le sérieux Nikolaï, sa serviette sur l'épaule, le savon d'une main et la cruche de l'autre, ne put s'empêcher de sourire :

— Assez, Vladimir Petrovitch, dit-il. – Terminez donc votre toilette.

Ma tristesse me quitta tout à fait.

— *Sind Sie bald fertig*[2] ? nous cria Karl Ivanovitch de la salle d'étude.

Sa voix était sévère, et n'avait plus l'expression de bonté qui venait de me toucher jusqu'aux larmes.

Une fois dans la salle d'étude, Karl Ivanovitch devenait un tout autre homme : il était notre professeur.

Je me lavai et m'habillai vivement, et, lissant mes cheveux mouillés d'un dernier coup de brosse, je me rendis à son appel.

Karl Ivanovitch, ses lunettes à cheval sur son nez, son livre à la main, s'était assis à sa place habituelle, entre la porte et la fenêtre. À gauche, il y avait deux planchettes chargées de livres ; l'une supportait les nôtres, et l'autre ceux de Karl Ivanovitch. Sur notre planchette, des livres de tout genre, d'étude et autres, étaient empilés sans ordre, les uns debout, les autres couchés. Seuls deux grands livres de voyages à reliure rouge étaient dressés contre le mur. Puis il y en avait des longs, des épais, des grands, des petits, des reliures sans livre, et des livres sans reliure, tout cela entassé au hasard au moment des récréations, malgré les objurgations de Karl Ivanovitch, qui eût voulu plus d'ordre dans notre *bibliothèque*, car il appelait ainsi notre étagère.

---

1. Homme de confiance, qui a mission de surveiller les enfants.
2. Avez-vous bientôt fini ?

Sur l'étagère *personnelle* de Karl Ivanovitch, les livres n'étaient point aussi nombreux que sur la nôtre, mais ils étaient plus variés. Il en est trois, surtout, que je me rappelle : une brochure allemande, sans reliure, sur les engrais propres à la culture des plantes potagères et des choux, un tome en parchemin de l'histoire de la guerre de Sept Ans, tout brûlé à un coin, et un cours complet d'hydrostatique.

Karl Ivanovitch passait la plus grande partie de son temps à lire, si bien qu'il en avait la vue affaiblie. Mais ces livres et *L'Abeille du Nord* composaient toutes ses lectures.

Parmi les objets rangés sur l'étagère de Karl Ivanovitch, il en est un que je me rappelle plus particulièrement. C'était un rond de carton sur lequel le gouverneur avait collé une caricature représentant une dame et un coiffeur. Karl Ivanovitch savait fort bien découper des cartonnages ; il avait façonné celui-là, et le soir, quand il travaillait à la lumière, il le plaçait devant sa lampe en guise d'écran.

Je vois encore aujourd'hui sa longue silhouette drapée dans une robe de chambre ouatée et surmontée d'un bonnet rouge d'où s'échappaient de rares mèches de cheveux gris. Il est près de la table, devant lui le rond de carton au coiffeur et à la dame projette de l'ombre sur sa face. D'une main, il tient un livre ; l'autre main s'appuie sur un bras du fauteuil. Il a près de lui sa montre au cadran historié, un foulard à carreaux, sa tabatière noire et ronde, l'étui vert de ses lunettes. Tout cela était disposé avec ordre et méthode ; de cet arrangement des moindres choses, on pouvait conclure que l'âme de Karl Ivanovitch était pure et sa conscience tranquille.

Quand il m'arrivait, après avoir bien couru dans le salon du rez-de-chaussée, de me faufiler dans la salle d'étude, je trouvais Karl Ivanovitch dans son fauteuil, lisant d'un air solennel un de ses livres préférés. Parfois aussi, j'entrais quand il ne lisait pas ; ses lunettes descendaient plus bas sur son grand nez en bec d'aigle, ses yeux bleus à demi fermés regardaient dans le vague avec une expression particulière, et ses lèvres avaient un sourire triste. Il faisait calme dans cette chambre. On n'entendait que la respiration régulière du gouverneur, et le tic-tac non moins régulier de la montre au cadran historié.

Souvent, il ne me voyait pas entrer. Alors, je restais sur le seuil, tout songeur :

« Pauvre, pauvre vieillard!... Nous sommes nombreux, nous jouons, nous nous égayons, et il est seul, tout seul... Personne ne le choie, ne s'occupe de lui... Il est orphelin, dit-il, c'est bien vrai... L'histoire de sa vie est terrible... Je me rappelle la lui avoir entendu raconter à Nikolaï... C'est navrant de se trouver ainsi... »

Une telle pitié me prenait que je m'approchais et lui disais en lui prenant la main : *Lieber Karl Ivanovitch*[1].

Ces mots lui faisaient du bien. Il me répondait par une caresse, visiblement touché.

À l'autre mur de la salle d'étude étaient suspendues des cartes géographiques, presque toutes déchirées mais habilement recollées par l'industrieux gouverneur.

Sur le troisième mur, qui longeait l'escalier conduisant à l'étage inférieur, étaient suspendues d'un côté deux règles, l'une toute striée, toute tailladée, et l'autre neuve, *personnelle*, dont Karl Ivanovitch se servait plutôt pour nous stimuler que pour tirer des lignes.

De l'autre côté, un tableau noir où le gouverneur marquait nos grands forfaits de ronds, à la craie, et de petites croix nos fautes légères. À gauche du tableau, le coin où l'on nous faisait mettre à genoux, en expiation de nos incartades.

Comme je me le rappelle bien, ce coin... Je revois encore la petite porte du poêle, le ventilateur et le bruit qu'il faisait quand on en tournait la clé. Il m'est arrivé, parfois, de rester si longtemps dans ce coin, que les genoux et le dos commençaient à me faire mal. Je songeais alors :

« Karl Ivanovitch m'a oublié... Il est à l'aise, lui, dans son moelleux fauteuil, à lire son hydrostatique... Et moi, je suis là, sur mes genoux, à me fatiguer... »

Et, pour me rappeler à son souvenir, je me mettais à ouvrir et à refermer doucement la petite porte ou bien à gratter le mur ; mais si, brusquement, un gros morceau de plâtre se détachait et tombait avec bruit sur le sol, je vous assure que cela me donnait plus de frayeur que toutes les punitions.

Je me tournais alors vers Karl Ivanovitch. Mais il n'avait pas levé les yeux de dessus son livre et était immobile, comme s'il n'eût rien remarqué.

---

1. Cher Karl Ivanovitch.

Au milieu de la salle, une table recouverte d'une toile cirée noire à travers laquelle les coins de la table, tailladés de coups de canif, paraissaient. Autour de la table, plusieurs tabourets de bois blanc, rendus luisants par un usage prolongé.

Le mur du fond était percé de trois fenêtres. Juste devant les fenêtres la route passait ; les moindres excavations, les petites pierres, les ornières m'en étaient familières depuis longtemps. Derrière la route, une allée ombragée de tilleuls, taillés régulièrement, limitée, çà et là, par une haie en taillis. Par-delà cette allée, une plaine s'étendait, bornée d'un côté par des meules de blé et de l'autre par la forêt. Au loin, dans cette plaine, se dressait, isolée, l'isba du gardien.

De la fenêtre de droite on voyait une partie de la terrasse sur laquelle les *grands* attendaient, assis, l'heure du dîner.

Tandis que Karl corrigeait ma dictée, il m'est arrivé souvent de regarder de ce côté, de voir une petite tête noire, quelque dos, et d'entendre vaguement des bribes de conversation et des rires. Je me sentais alors très dépité de ne pouvoir être avec eux, et je pensais :

« Quand donc serai-je grand aussi ?... pour que mes études soient finies... Je ne passerais pas mon temps à étudier ; je me tiendrais près de ceux que j'aime. »

Mon dépit se changeait en tristesse et, Dieu sait comment et pourquoi, je me prenais à réfléchir au point de ne pas entendre Karl Ivanovitch me reprocher les fautes que j'avais faites.

Karl Ivanovitch ôta sa robe de chambre, endossa son frac bleu aux épaules plissées, arrangea sa cravate devant la glace et nous conduisit en bas pour souhaiter le bonjour à maman.

## II

### Maman

Ma mère était au salon et versait le thé. D'une main elle tenait la théière et de l'autre le robinet du samovar duquel l'eau coulait, débordant de la théière sur le plateau. Bien qu'elle regardât fixement, elle ne s'en aperçut pas, non plus que de notre entrée.

Tant de souvenirs du passé se dressent devant soi quand on essaie d'évoquer les traits d'un être chéri, qu'à travers ce souvenir on ne les aperçoit que confusément et comme à travers des larmes. Ce sont les larmes de l'imagination. Quand j'essaie de me rappeler ma mère telle qu'elle était alors, je ne vois d'elle que ses yeux qui exprimaient une bonté immuable et un amour sans bornes. Je revois aussi un grain de beauté sur sa nuque, un peu plus bas que l'endroit où frisaient ses petits cheveux ; je revois encore sa collerette blanche, sa main maigre et douce qui me caressait aussi souvent que je la baisais moi-même. Mais l'ensemble m'échappe.

À gauche du divan, il y avait un vieux piano anglais. Devant, était assise ma petite sœur Lioubotchka[1] au teint basané. De ses petits doigts roses, qu'elle venait de laver dans de l'eau fraîche, elle s'efforçait de jouer des études de Clementi ; elle ne pouvait prendre les octaves qu'« arpeggio ». Elle avait onze ans et était vêtue de courtes robes de toile et de pantalons blancs garnis de dentelle.

Auprès d'elle était assise Maria Ivanovna, coiffée d'un bonnet à rubans roses et vêtue d'une camisole bleue. Son visage était rouge et méchant ; il parut plus méchant encore quand

---

1. Diminutif de Lioubov.

Karl Ivanovitch entra. Elle le regarda d'un air sévère, et, sans répondre à son salut, elle continua de compter en battant du pied la mesure. Un, deux, trois, en élevant davantage la voix et d'un ton plus impérieux.

Karl Ivanovitch, sans s'inquiéter de cet accueil, s'approcha comme de coutume pour présenter ses devoirs à ma mère. Elle revint à elle en secouant la tête, comme si elle eût voulu par ce mouvement chasser de tristes pensées, tendit la main à Karl Ivanovitch et baisa sa tempe ridée, tandis qu'il lui baisait la main.

— *Ich danke, lieber Karl Ivanovitch*[1] *!*

Et, continuant la conversation en allemand, elle demanda si les enfants avaient bien dormi.

Karl Ivanovitch était sourd d'une oreille. Le bruit du piano le rendait encore plus sourd en ce moment. Il se pencha plus près du divan, s'appuya d'une main sur la table et, se tenant sur un pied avec un sourire qui me parut alors plein de grâce raffinée, il souleva son bonnet et dit:

— Excusez-moi, Natalia Nikolaïevna.

Karl Ivanovitch, pour ne pas refroidir sa tête chauve, n'ôtait jamais son bonnet rouge. Chaque fois qu'il entrait au salon, il demandait la permission de le garder.

— Couvrez-vous donc, Karl Ivanovitch... Je vous demande si les enfants ont bien dormi, dit maman en s'approchant de lui et en élevant la voix.

Il n'entendit pas davantage que la première fois. Il recouvrit sa calvitie de son bonnet et sourit avec plus d'amabilité encore.

— Cessez un instant, Mimi, dit maman à Maria Ivanovna avec un sourire. – On n'entend rien.

Quand ma mère souriait, malgré le charme habituel de son visage, il devenait encore plus beau et tout rayonnait autour d'elle. Si, dans les moments pénibles de ma vie, j'avais pu reposer quelques instants mes yeux sur ce sourire, je n'aurais jamais connu l'affliction. Il me semble que c'est dans le sourire seul que réside ce qu'on appelle la beauté. Si le sourire ajoute un charme, c'est que le visage est beau. S'il ne le change pas, c'est qu'il est ordinaire. S'il le gâte, il est laid.

Après le bonjour d'usage, ma mère prit ma tête entre ses mains et la pencha en arrière.

---

1. Je vous remercie, cher Karl Ivanovitch.

— Tu as pleuré aujourd'hui.
Je ne répondis pas. Elle baisa mes yeux et me demanda en allemand :
— À propos de quoi as-tu pleuré ?
Quand elle nous parlait affectueusement, elle se servait toujours de cette langue, qu'elle possédait dans la perfection.
— C'est pendant mon sommeil que j'ai pleuré, maman, répondis-je en me rappelant dans tous ses détails le rêve que j'avais inventé et tressaillant malgré moi.
Karl Ivanovitch confirma mon dire, mais ne parla pas du rêve.
Après avoir causé du temps qu'il faisait, conversation à laquelle Mimi prit part, maman déposa dix morceaux de sucre sur le plateau pour quelques domestiques favorisés, se leva et s'approcha de son métier de tapisserie disposé près de la fenêtre.
— Eh bien, mes enfants, allez à présent chez papa et dites-lui de venir chez moi avant de sortir visiter ses meules.
La musique de Lioubotchka, les battements du pied et les regards sévères de Mimi recommencèrent, et nous nous dirigeâmes vers la chambre de papa.
Après avoir traversé la pièce qui, depuis mon grand-père, servait d'antichambre des laquais, nous entrâmes, à la suite de Karl Ivanovitch, dans le cabinet de notre père.

## III

## Papa

Il se tenait près de son bureau, désignant quelques enveloppes, du papier et un tas d'argent, et, très animé, discutait avec le gérant, Yakov Mikhaïlov, qui, debout à sa place ordinaire, entre la porte et le baromètre, les mains derrière le dos, remuait les doigts dans tous les sens avec rapidité.

Plus papa s'animait et plus rapidement s'agitaient les doigts du gérant; par contre, quand papa se calmait, les doigts devenaient immobiles. Mais c'était surtout quand Yakov parlait que ses doigts reprenaient leur danse désespérée. Il semblait que le remuement des phalanges traduisît les pensées de Yakov. Son visage demeurait impassible, en conformité avec la dignité qu'il tenait de sa fonction, mais sans exclure l'air de soumission qui convenait, de telle manière qu'il semblait dire à son maître : J'ai raison, mais vous êtes le maître, et ce sera comme vous voudrez.

En nous voyant, notre père se contenta de dire:
— Attendez, tout à l'heure.

Et il montra la porte, d'un geste de la tête, pour qu'un de nous voulût bien la fermer.

— Mon Dieu! qu'as-tu donc aujourd'hui, Yakov? demanda notre père au gérant en haussant l'épaule selon son habitude.

— Cette enveloppe avec huit cents roubles...

Yakov prit le tableau sur lequel des billes de bois enfilées sur du fil de fer représentaient son barème, marqua huit cents et, le regard fixé sur un point vague, attendit la suite.

— ... Pour dépenses de mon exploitation pendant mon absence. Tu comprends ?... Pour le moulin, tu as à recevoir mille roubles ?... Est-ce cela, oui ou non ? Tu dois reprendre le cautionnement au Trésor, soit huit mille roubles... Pour le foin, dont tu peux vendre, d'après ton estimation, six mille pouds[1], en comptant à quarante-cinq kopeks le poud, tu as trois mille roubles à recevoir... Par conséquent... Combien as-tu d'argent en tout?... Douze mille roubles, n'est-ce pas?

— C'est bien cela, répondit Yakov.

Mais le mouvement précipité des doigts du gérant indiquait qu'il avait une observation à placer. Notre père ne lui en laissa pas le temps.

— De cet argent, tu enverras dix mille roubles au Conseil pour Petrovskoïé... Pour ce qui est de l'argent qui se trouve dans mon bureau, tu me l'apporteras et le compteras comme dépensé à dater d'aujourd'hui... Quant à cette enveloppe et à cet argent qui sont ici, tu les remettras de ma part à l'adresse indiquée.

J'étais près de la table, et je vis la suscription sur l'enveloppe: Karl Ivanovitch Mauer.

Mon père, s'étant sans doute aperçu de mon indiscrétion, posa sa main sur mon épaule et me fit un geste pour me témoigner le désir qu'il avait de me voir m'écarter de la table.

Je ne compris pas sur-le-champ s'il s'agissait d'une caresse ou d'une menace, mais je saisis la large main musculeuse qui s'était posée sur mon épaule et je la baisai.

— À vos ordres, dit Yakov. Qu'ordonnez-vous que je fasse de l'argent de Khabarovka?

C'était le village appartenant à notre mère.

— Laissez-le dans le bureau et, sous aucun prétexte, ne vous en servez sans ordres.

Yakov observa le silence pendant quelques instants. Puis, soudain, ses doigts reprirent nerveusement leur sarabande. Son visage quitta l'expression d'obéissance passive qu'il avait d'habitude pour prendre les ordres de son maître, et s'éclaira malicieusement. Il attira à lui le tableau de bois et dit:

— Permettez-moi de vous faire savoir, Piotr Alexandrovitch, qu'il en sera comme vous voudrez; mais payer à l'échéance l'argent du Conseil, c'est impossible... Vous avez daigné dire, reprit-il après une pause, qu'on doit recevoir l'argent du cautionnement, du foin et du moulin.

---

[1]. Le poud vaut quarante livres russes. La livre russe est de 400 grammes.

Et il additionnait sur son tableau en faisant glisser les billes. Il poursuivit.

— Je crains que nos prévisions ne nous trompent.

Il s'arrêta et regarda notre père d'un air significatif.

— Et pourquoi ?

— Voilà... Daignez juger : pour le moulin, le meunier est déjà venu deux fois demander un délai. Il m'a juré sur Dieu et sur le Christ qu'il n'avait pas d'argent... D'ailleurs, il est ici... Ne voudriez-vous pas lui parler vous-même ?

— Que dit-il ? demanda mon père, peu désireux de converser avec le meunier.

— Il dit qu'il n'a rien à moudre en ce moment et que l'argent qu'il avait en réserve a été dépensé pour les travaux de la digue... Et si nous donnons le moulin à un autre, en tirerons-nous davantage ?... Quant au cautionnement, il me semble vous avoir déjà rapporté que notre argent est échoué là et que nous ne pourrons le ravoir de sitôt. Dernièrement encore, j'ai envoyé à la ville, chez Ivan Afanasslitch, une charrette de farine et une lettre concernant cette affaire. Il m'a répondu qu'il serait très heureux de faire tout le possible pour Piotr Alexandrovitch, mais que l'affaire n'était pas entre ses mains et que, selon toutes les prévisions, il était douteux que nous pussions recevoir l'argent avant deux mois... Pour le foin, supposons que nous le vendions trois mille roubles...

Il marqua trois mille et se tut, promenant son regard du barème à mon père, comme s'il eût voulu dire :

« Vous voyez vous-même que c'est peu... D'ailleurs, avec le foin, nous avons à craindre une diminution dans le prix si nous voulons le vendre tout de suite. »

Le gérant avait encore une grande provision d'arguments, cela était visible. Mon père s'en aperçut et voulut couper court.

— Je ne change rien à mes ordres, mais s'il y a des retards dans les rentrées, tu prendras sur l'argent de Khabarovka ce qui sera nécessaire.

— À vos ordres.

Le visage et les doigts de Yakov indiquèrent clairement que ce dernier ordre de son maître lui était très agréable.

Yakov était un serf dévoué et actif. Comme tout bon gérant, il était avare à l'excès des biens de son maître et s'était fait une étrange morale quand il s'agissait de ceux-ci. Son éternel souci était l'accroissement des propriétés de son maître, au préjudice de celles de sa maîtresse. Il ne cessait de démontrer la nécessité d'employer tout le revenu de ma mère au profit du village de Petrovskoïé, où nous vivions.

Après nous avoir embrassés, notre père nous dit que c'était assez nous reposer à la campagne, que nous n'étions plus des petits enfants et qu'il était temps de commencer des études sérieuses.

— Vous savez déjà, je pense, que je vous emmène à Moscou... Vous demeurerez chez votre grand-mère, et votre maman restera ici avec les petites filles... Vous pensez bien que sa seule consolation sera de savoir que vous étudiez bien et qu'on est content de vous.

Malgré que nous eussions, depuis quelques jours, remarqué des préparatifs qui présageaient quelque chose d'insolite, cette nouvelle nous donna un coup terrible. Volodia rougit et, d'une voix tremblante, fit la commission que nous avait donnée notre mère.

« Voilà mon rêve !... pensai-je. Dieu veuille qu'il n'arrive rien de pire encore. »

Je regrettais amèrement ma bonne maman ; mais la pensée qu'on me traitait en grand garçon me réjouissait :

« Si nous partons aujourd'hui, il est probable qu'il n'y aura pas d'étude... Tant mieux... Cependant, je regrette Karl Ivanovitch... On le congédiera, sans doute... Sans cela, on n'eût pas préparé pour lui cet argent et cette enveloppe... Ah ! mieux eût valu étudier toute ma vie, et ne pas abandonner ma mère, et ne pas priver le pauvre Ivanovitch... Il est déjà assez malheureux sans cela. »

Ces pensées passaient dans ma tête. Je ne bougeais pas de ma place et je considérais fixement les bouffettes noires de mes souliers.

Après avoir adressé quelques paroles à Karl Ivanovitch à propos de la baisse du baromètre et recommandé à Yakov de ne pas donner à manger aux chiens pour qu'après le dîner on pût aller à la chasse, notre père, contrairement à mon attente, nous renvoya à l'étude, mais, toutefois, nous promit de nous emmener avec lui à la chasse.

En nous rendant à la salle d'étude je passai par la terrasse. Couchée sur le seuil, la chienne préférée de mon père, Milka, se chauffait au soleil

— Milotchka, dis-je en la caressant et en baisant son museau. – Nous partons aujourd'hui... Adieu, nous ne nous verrons plus jamais.

Et je fondis en larmes.

# IV

## En classe

Karl Ivanovitch était de très mauvaise humeur. Ses sourcils froncés, et le geste fébrile dont il avait jeté sa redingote dans la commode, la manière dont il avait serré sa ceinture, la force avec laquelle il marquait de l'ongle la page de dialogue que nous avions à apprendre par cœur, trahissaient son agitation.

Volodia étudia-t-il bien? Je ne le sais. Quant à moi, j'étais si ému, que je ne pouvais travailler. Longtemps je considérai, stupide, le livre de dialogues; mes yeux, obscurcis par les pleurs que me causait l'idée d'une prochaine séparation, ne pouvaient discerner les mots.

Quand, au moment de la récitation, Karl Ivanovitch m'écoutait les yeux fermés, c'était mauvais signe.

Au moment où l'un dit: *Wo kommen Sie her*[1]? et où l'autre répond: *Ich komme vom Kaffeehause*[2], je ne pus retenir mes larmes et fus incapable de prononcer: *Haben Sie die Zeitung nicht gelesen*[3]?

À la leçon d'écriture, je fis de tels pâtés avec mes larmes qu'il semblait que j'eusse écrit avec de l'eau sur du papier d'emballage.

Karl Ivanovitch se fâcha, me fit mettre à genoux, déclara que j'étais un entêté et que je jouais une comédie (c'était son expression favorite); il alla jusqu'à me menacer de sa règle, et il exigea que je demandasse pardon, bien que, suffoqué, je fusse incapable de parler.

---

1. D'où venez-vous?
2. Je viens du café.
3. N'avez-vous pas lu le journal?

Enfin, sentant probablement son injustice, il entra dans la chambre de Nikolaï, en refermant avec bruit la porte derrière lui.

De la salle d'étude on entendait la conversation engagée dans la chambre du diadka.

— As-tu entendu dire, Nikolaï, que les enfants allaient partir pour Moscou ? fit la voix de Karl Ivanovitch.

— Certes, je l'ai entendu dire.

Nikolaï voulut sans doute se lever, car j'entendis Karl Ivanovitch lui dire :

— Reste assis, Nikolaï.

La porte se ferma à double tour.

Je sortis de mon coin et m'approchai pour écouter.

— Malgré tout le bien qu'on fait aux gens, malgré tout l'attachement qu'on leur témoigne, on ne doit pas s'attendre à de la reconnaissance, Nikolaï, disait la voix de Karl Ivanovitch avec émotion.

Silence de Nikolaï.

— Il y a déjà douze ans que je suis dans cette maison, et, Nikolaï, je puis jurer devant Dieu que je les ai aimés et que je me suis occupé d'eux plus que s'ils eussent été mes propres enfants... Tu te rappelles, Nikolaï, quand Volodegnka eut un accès de fièvre chaude, tu te rappelles comment je suis resté pendant neuf jours près de son lit sans fermer les yeux... Oui, j'étais alors le bon, le cher Karl Ivanovitch... j'étais nécessaire alors...

« Et maintenant, ajouta-t-il d'un ton amer, – maintenant *les enfants sont devenus grands ; il leur faut étudier sérieusement...* Comme s'ils n'apprenaient rien ici, Nikolaï.

— Que veut-on leur apprendre de plus ? demanda Nikolaï.

— À présent, je ne suis plus utile... Et l'on me chasse... Où sont les promesses, la reconnaissance ?... Je considère et j'aime Natalia Nikolaïevna... Mais qu'est-elle ?... Sa volonté, dans cette maison, ne compte pas... Je sais d'où part cette intrigue et pourquoi l'on me déclare inutile... C'est parce que je ne suis pas hypocrite comme *certaines gens*... J'ai l'habitude de dire la vérité, toujours et devant tous, poursuivit Karl Ivanovitch avec un accent d'orgueil... Grand bien leur fasse... ! De ce que je n'y serai plus, ils n'en seront pas plus riches... Pour moi, Dieu sera miséricordieux... Je trouverai bien un morceau de pain, n'est-ce pas, Nikolaï ?

Il se fit un silence.

Karl Ivanovitch le rompit et parla encore longtemps sur ce ton. On savait du moins récompenser ses mérites chez certain général. Cela me fut très pénible à entendre. Il parlait de la Saxe, de ses parents, de son ami le tailleur Schönheit, etc., etc. Je compatissais à son chagrin, et il m'était douloureux que mon père et Karl Ivanovitch, que j'aimais d'un égal amour, ne se fussent pas compris.

Je me remis de nouveau à genoux dans mon coin en m'appuyant sur mes talons et m'ingéniai à former des projets pour rétablir la concorde entre mon père et le gouverneur.

Karl Ivanovitch rentra, m'ordonna de me lever et prépara les cahiers de dictée. Quand il eut fini ses apprêts, il s'installa majestueusement dans son fauteuil et, d'une voix qui semblait sortir d'un abîme, il commença sa dictée allemande :

— *Von al-len Leiden-schaf-ten, die grau-sam-ste ist... Haben Sie geschrieben*[1] *?*

Il s'arrêta, aspira une prise avec lenteur, fit une pause et poursuivit avec force :

— *Die grau-sam-ste ist die Un-dank-bar-keit... Ein grosses U*[2].

Ayant écrit le dernier mot, je le regardai, attendant la suite.

— *Punktum*[3], dit-il avec un sourire imperceptible.

Il nous fit signe de lui donner nos cahiers. Il lut avec un vif plaisir et à plusieurs reprises cette sentence, qui concordait si bien avec l'état de sa pensée.

Puis, il nous donna notre leçon d'histoire à apprendre et se mit à la fenêtre. Son visage n'était plus morne comme tout à l'heure ; il exprimait la joie grave d'un homme qui vient de venger son offense avec dignité.

Les trois quarts de midi sonnèrent ; Karl Ivanovitch ne paraissait point songer à lever la séance. Il nous avait donné de nouvelles leçons à apprendre. L'ennui et l'appétit augmentaient dans des proportions égales. Je suivais avec une vive impatience les bruits venant de la maison et qui présageaient l'heure du dîner.

---

1. « De toutes les passions, la plus cruelle est »... Avez-vous écrit ?
2. « La plus cruelle est l'ingratitude »... Un grand U.
3. Point.

« Voici qu'une fille de service passe avec les assiettes qu'elle vient de nettoyer, me disais-je. On remue la vaisselle dans le buffet ; on dresse la table et l'on installe les chaises ; voici Mimi, et Lioubotchka, et Kategnka (c'était la fille de Mimi, elle avait une douzaine d'années) qui sortent du jardin ; mais je ne vois pas arriver Foka. »

C'est le majordome Foka qui vient toujours nous annoncer que le dîner est servi. Seulement alors on peut jeter les livres et, sans faire attention à Karl Ivanovitch, courir en bas.

J'entends des pas dans l'escalier... Ce n'est pas Foka. J'ai bien étudié son pas et je sais reconnaître à présent le craquement de ses bottes. La porte s'ouvre et une silhouette, encore inconnue, apparaît sur le seuil.

## V

## L'innocent

L'homme qui vient d'entrer paraît être âgé d'une cinquantaine d'années. Son visage pâle, oblong, est troué de petite vérole; ses cheveux sont gris et longs, et sa barbiche rare et rousse. L'homme est de si haute taille qu'en franchissant le seuil, il a dû non seulement baisser la tête, mais encore plier le corps. Il est couvert de quelques loques qui ressemblent à la fois à un caftan et à un *podriasnik*[1]. De sa main il tient un long bâton pastoral.

En entrant dans la chambre, il frappa de son bâton le plancher avec force et, les sourcils froncés, la bouche démesurément ouverte, il éclata d'un rire étrangement terrible. Un de ses yeux était louche, le blanc de cet œil roulait sans cesse dans l'orbite et ajoutait à son visage, déjà fort laid, une expression plus répugnante encore.

— Ah! ah!... Je vous tiens! s'écria-t-il en s'approchant à petits pas de Volodia, qu'il saisit par la tête.

Il examina le sommet de la tête de mon frère avec soin. Puis, de son air le plus sérieux, il s'éloigna, alla à la table, souffla sur la toile cirée et fit des signes de croix répétés.

— Oh! oh!... pitié!... oh! oh! douleur!... Pauvre!... ils s'envoleront, dit-il d'une voix entrecoupée de sanglots.

Il regardait tendrement Volodia et essuyait de sa manche les larmes qui coulaient sur sa joue.

Sa voix était rauque et grossière; ses mouvements étaient saccadés et inégaux; ses paroles n'avaient aucun sens, mais l'accent qu'il y mettait était si touchant, mais son visage jaune

---

1. Robe d'ecclésiastique.

monstrueusement laid exprimait parfois une tristesse si sincère, qu'en l'entendant on ne pouvait s'empêcher de ressentir une sensation de peur, de compassion et de tristesse.

C'était l'*Innocent*, le pèlerin Gricha.

D'où venait-il ? Qui étaient ses parents ? Quelles circonstances l'avaient jeté dans cette vie errante ? On ne le savait.

Dès l'âge de quinze ans, il était connu comme un pauvre dément, marchant pieds nus, hiver comme été, fréquentant les couvents, distribuant de petites icônes à ceux qui lui plaisaient et prononçant des paroles mystérieuses que d'aucuns acceptaient comme des prophéties. Personne ne l'avait connu exerçant un autre état. Il venait parfois chez la *babouchka*[1], et certains disaient qu'il était le malheureux fils de parents pauvres et que son âme était très pure. D'autres prétendaient qu'il était un simple moujik et un paresseux.

Enfin le ponctuel Foka, désiré si impatiemment, fit son apparition, et nous quittâmes la salle d'étude. Gricha, toujours sanglotant et sans cesser d'articuler des propos incohérents, nous suivit en frappant de son bâton les degrés de l'escalier.

Papa et maman traversèrent le salon, bras dessus, bras dessous. Ils causaient doucement entre eux. Maria Ivanovna se tenait roide dans un fauteuil ; d'une voix sévère que le respect contenait, elle donnait des conseils aux petites filles assises près d'elle.

Aussitôt que Karl Ivanovitch entra dans le salon, elle leva les yeux sur lui et les détourna très vite ; son visage semblait dire :

« Je ne vous remarque pas, Karl Ivanovitch. »

Dans les yeux des petites filles nous lûmes qu'elles avaient une communication importante et pressée à nous faire. Mais se lever avec vivacité de leur place et venir à nous eût été contraire aux règles enseignées par Mimi. Il nous fallait d'abord nous approcher et souhaiter le bonjour à Mimi en faisant la révérence. Ce n'était qu'après ce cérémonial qu'on nous permettait d'engager la conversation.

Quelle insupportable personne, cette Mimi ! Elle trouvait tout inconvenant et l'on ne savait comment s'y prendre pour parler devant elle. De plus elle nous répétait sans cesse : « Parlez donc français. » Comme si elle l'eût fait exprès, cette recom-

---

1. Grand-mère.

mandation nous venait toujours quand nous voulions parler russe. Pendant le dîner, quand on commençait à goûter quelque plat et qu'on voulait n'être gêné par personne, elle nous harcelait de : – *Mangez donc avec du pain*, ou bien : – *Comment tenez-vous votre fourchette ?*

« Qu'a-t-elle donc à s'occuper de nous ?... Qu'elle s'occupe de ces fillettes... Nous autres, nous avons Karl Ivanovitch. »

Aussi je partageais complètement la haine de celui-ci pour *certaines gens*.

— Demande donc à maman que l'on nous emmène à la chasse, dit Kategnka à voix basse en me retenant par ma veste, tandis que les *grands* passaient dans la salle à manger.

— C'est entendu. Nous tâcherons.

Gricha mangeait à une table séparée. Il ne levait pas les yeux de dessus son assiette. Il poussait parfois des soupirs, faisait d'effrayantes grimaces, et se parlait à lui-même :

— Pitié ! S'envole... s'envolera la colombe au ciel... Oh ! une pierre sur la tombe..., etc.

Maman paraissait préoccupée depuis le matin, et la présence, les propos et l'agitation de Gricha augmentaient sa préoccupation.

— Ah, oui, j'allais oublier de te demander quelque chose, dit-elle à papa en lui faisant passer une assiette de soupe.

— Quoi ?

— Ordonne, je te prie, d'enfermer tes terribles chiens... Ils ont failli déchirer le pauvre Gricha quand il est entré dans la cour... S'ils allaient se jeter sur les enfants...

Gricha entendit qu'on parlait de lui. Il se tourna vers notre table, montra les pans déchirés de son vêtement et, sans cesser de mâcher, marmotta :

— Il voulait que je fusse dévoré... Dieu ne l'a pas permis... C'est un péché de lâcher les chiens sur un homme... un grand péché... Ne frappe pas Bolchak !

Il nommait ainsi tous les moujiks sans distinction.

Il reprit :

— Pourquoi le battre ?... Dieu pardonnera... C'est un temps à passer.

— Que dit-il donc ? fit mon père en fixant le dément avec sévérité. – Je n'y comprends rien du tout.

— Moi, je comprends, répondit ma mère. Il vient de me raconter qu'un chasseur a lâché exprès ses chiens sur lui. Il dit que ce chasseur voulait le faire mettre en pièces, mais que Dieu ne l'a pas permis... Il te prie de ne pas châtier le chasseur.

— Ah!... Mais pourquoi croit-il que je châtierais ce chasseur?... Tu sais, continua-t-il en français, je n'aime pas beaucoup cet homme, et celui-ci surtout ne me plaît pas... Il doit être...

— Ah! ne dis pas cela, mon ami, interrompit ma mère terrifiée. Pourquoi cette méfiance?

— Il me semble que j'ai déjà eu assez d'occasions d'étudier cette engeance.

« Il y en a tant qui viennent chez toi... Ils sont tous les mêmes... C'est toujours la même et éternelle histoire...

Il était visible que maman avait là-dessus une autre opinion et qu'elle ne tenait pas à discuter.

— Passe-moi, je te prie, un petit gâteau, dit-elle. – Sont-ils bons aujourd'hui?

— Non, cela me fâche, reprit papa en poursuivant sa pensée.

Il prit les gâteaux pour les donner à ma mère, mais les tint à distance, tout entier à sa préoccupation.

— Non, vraiment cela me fâche quand je vois des gens intelligents influencés par ces supercheries.

Il frappa la table de sa fourchette.

— Je te prierai de me passer les gâteaux, fit maman en allongeant le bras.

— Et on fait bien, continua mon père, on fait bien de mettre ces sortes de gens en prison... Ils ne sont bons qu'à déranger les nerfs trop faibles de certaines personnes, conclut-il avec un sourire à l'adresse de maman, dont il avait remarqué la gêne.

Il lui tendit enfin l'assiette aux gâteaux.

— Je ne te répondrai qu'une chose : il est difficile de croire qu'un homme qui, malgré ses soixante ans, marche pieds nus hiver comme été, qui porte tous ses vêtements sans jamais les ôter, des chaînes pesant deux pouds et qui a refusé à plusieurs reprises un asile qui lui eût été nécessaire, il est difficile de croire qu'un tel homme fasse tout cela par paresse... Pour ce qui est de ses prophéties, ajouta-t-elle avec un soupir, *je suis payée pour y croire*[1]. Je t'ai déjà raconté, ce me semble, comment Kirioucha[2], jour par jour, heure par heure, a prédit sa mort à feu mon père.

— Ah! qu'as-tu fait? dit papa en souriant et appliquant sa main sur sa bouche du côté où était Mimi.

Quand mon père faisait ce geste, je dressais l'oreille, m'attendant à quelque chose de risible.

— Pourquoi m'as-tu rappelé ses pieds... Je les ai regardés... Je ne pourrai pas finir de manger.

Le dîner finissait. Lioubotchka et Kategnka nous adressaient d'incessants clignements d'yeux, s'agitaient sur leurs chaises et manifestaient une vive inquiétude. Ces signes nous disaient clairement : « Pourquoi ne parlez-vous pas de la chasse ? »

Je poussai Volodia du coude, il me poussa à son tour et finit par se décider. D'une voix d'abord timide, mais qui s'affermit à mesure, il demanda, puisque nous partions aujourd'hui, que les petites filles suivissent la chasse dans une voiture.

Après une courte délibération des *grands*, la question fut résolue à notre avantage et, ce qui nous fut encore plus agréable, maman déclara qu'elle viendrait aussi.

---

1. En français dans le texte russe.
2. Diminutif de Kiril (Cyrille).

## VI

## Préparatifs de chasse

Au dessert, on appela Yakov et on lui donna des ordres concernant la voiture, les chiens, les chevaux de selle, dans les plus petits détails, et en désignant chaque cheval par son nom. Le cheval de Volodia boitait; papa ordonna de seller pour mon frère un cheval de chasse. Ce mot : « cheval de chasse », résonna étrangement aux oreilles de maman. Il lui semblait qu'un tel cheval fût une sorte d'animal enragé qui allait certainement s'emporter et tuer Volodia.

Malgré les arguments de papa et de mon frère, qui jurait avec courage ne rien craindre et aimer beaucoup les chevaux emportés, ma pauvre maman ne cessait de répéter qu'elle serait mortellement inquiète pendant toute la promenade.

On se leva de table. Les *grands* passèrent dans le cabinet de papa, où ils prirent le café, et nous nous envolâmes dans le jardin, à travers les allées déjà jonchées de feuilles jaunes. Là, nous causâmes : Volodia nous étonnait par son audace, et nous admirions d'avance le cheval de chasse qu'il monterait tout à l'heure ; nous faisions honte à Lioubotchka de ce qu'elle courait moins vite que Kategnka. Puis nous nous dîmes qu'il serait curieux de voir les chaînes de Gricha, etc., etc. Mais personne ne soufflait mot de notre séparation.

Notre conversation fut interrompue par le roulement d'une voiture, à chaque ressort de laquelle se tenait un petit groom. Derrière la voiture, venaient les chasseurs, tous à cheval, escortés de leurs chiens. Le cocher Ignat suivait, monté sur le cheval de Volodia et menant en bride mon vieux *klepper*[1]. Nous

---

1. Genet.

nous précipitâmes vers la haie, d'où l'on pouvait voir tous ces intéressants préparatifs, puis, avec des cris aigus, nous courûmes en haut nous costumer de manière à ressembler le plus possible à des chasseurs. Le meilleur moyen d'arriver à ce but était de rentrer nos pantalons dans nos bottes. Nous nous mîmes aussitôt à l'œuvre, en nous hâtant, afin d'aller nous placer au plus tôt sur le perron pour pouvoir contempler les chiens et les chevaux et converser avec les chasseurs.

La journée était chaude. Des nuages blancs, de formes fantasques, s'étaient montrés depuis le matin dans le ciel. Un vent léger les dirigeait vers nous, de sorte que le soleil en était parfois masqué.

Bien que ces nuages se fussent rassemblés en une énorme nuée noire, il était visible qu'un orage n'en sortirait point pour gâter le dernier plaisir que nous dussions prendre avant notre départ. Vers le soir, la nuée se fondit en une foule de petits nuages dont les uns pâlirent, s'effilèrent en courant vers l'horizon ; les autres, demeurés au-dessus de nous, se transformèrent en cirrus blancs et cotonneux ; seul, un gros nuage resta noir et s'arrêta à l'est.

Karl Ivanovitch savait toujours quelle direction devaient prendre les nuages. Il déclara que celui-ci s'en irait vers Maslovka, que nous n'aurions pas de pluie et que le temps serait excellent.

Foka, malgré son âge avancé, descendit rapidement l'escalier et cria :

— L'équipage !

Les dames sortirent et, après une courte discussion sur les places qu'elles devaient occuper dans la voiture et sur la manière dont on se tiendrait pour ne pas tomber – quoiqu'il n'y eût aucun danger – elles s'assirent, ouvrirent leurs ombrelles et se mirent en route. Au moment où la voiture s'ébranlait, maman désigna le « cheval de chasse » et demanda au cocher d'une voix tremblante :

— C'est là le cheval de Vladimir Petrovitch ?

Le cocher répondit affirmativement. Elle eut un geste désespéré et détourna la tête.

J'étais fort impatient. Enfin je montai à cheval ; je fixai la bête entre les deux oreilles et lui fis faire quelques évolutions dans la cour.

— Daignez ne pas écraser les chiens, me dit un des chasseurs.

— Sois sans crainte. Ce n'est pas la première fois... répondis-je avec orgueil.

Volodia enfourcha le « cheval de chasse » et, malgré toute sa fermeté de caractère, non sans un léger frisson de peur, il demanda à plusieurs reprises tout en caressant la bête :

— Est-il tranquille ?

Il était très beau à cheval. On eût dit un *grand*. Ses cuisses étroitement serrées dans une culotte de chasse reposaient si bien d'aplomb sur la selle que j'en étais jaloux. En jugeant d'après l'ombre que mon *klepper* et moi faisions sur le sable, je ne devais certes pas avoir la même prestance.

Le pas de mon père se fit entendre dans l'escalier. Le valet de chiens rassembla les chiens courants, qui s'étaient éparpillés dans la cour. Les chasseurs rappelèrent les lévriers et montèrent à cheval. Les piqueurs conduisirent le cheval de mon père au pied du perron. Les chiens de la meute paternelle, allongés dans des poses hiératiques, se précipitèrent à la rencontre de leur maître. Milka, une chienne très remuante, suivait mon père, très fière de son collier de passementerie. En sortant, elle alla présenter, comme de coutume, ses civilités aux chiens de la meute, jouant avec les uns, flairant les autres avec un ricanement, cherchant les puces à ses intimes.

Papa monta à cheval et nous partîmes.

# VII

## La chasse

Le chef de la meute, nommé Tourka, monté sur un cheval gris, galopait en avant, coiffé d'un bonnet fourré, son cor de chasse en bandoulière, son couteau passé dans la ceinture. À son aspect rébarbatif et farouche, on eût cru qu'il se rendait bien plutôt à un combat mortel qu'à une simple chasse. Derrière lui, ondulaient les échines des chiens courants.

Dès qu'on fut sorti de la cour, papa nous ordonna à tous de suivre la route et partit à travers champs.

La large plaine, brûlée par le soleil, étincelait et n'était bornée que d'un côté par la lisière bleuissante d'une haute forêt qui me semblait être l'endroit lointain et mystérieux où commencent les pays inhabités.

Dans les champs, des meules et des paysans étaient éparpillés à perte de vue. Dans les seigles hauts, on voyait çà et là le dos courbé d'une moissonneuse, le balancement des épis quand on ramassait les gerbes. À l'ombre d'un arbre une femme se penchait sur un berceau, au milieu de gerbes couchées, piquées çà et là de bleuets ; plus loin des moujiks en bras de chemise, debout sur des charrettes, entassaient les meules et faisaient voler la poussière du champ brûlé et desséché.

Le *starosta*[1], son caftan jeté sur les épaules, son pantalon dans ses bottes, ayant aperçu papa de loin, ôta son chapeau de feutre, essuya sa tête rousse et sa barbe avec une serviette et cria après les *babas*.

Le petit cheval roux que montait papa marchait d'un trot léger et allègre, inclinant parfois sa tête sur la poitrine, tendant

---

1. Maire de village, élu par les paysans.

les brides, chassant de sa queue épaisse les mouches et les moustiques qui bourdonnaient autour de lui. Deux lévriers, la queue relevée en serpe, et les pattes haut levées, bondissaient gracieusement autour du cheval. Milka courait en avant, puis s'arrêtait, quêtait un regard de mon père, puis repartait.

Les conversations, le piétinement des chevaux, le roulement des charrettes, le chant des oiseaux, le bourdonnement des insectes réunis en essaims compacts et immobiles, des odeurs d'absinthe, de chaume, de sueur des chevaux ; les jeux de lumière et de couleur répandus sur cette plaine d'un jaune clair, le bleu de la forêt lointaine, le lilas pâle des nuages, le blanc des fils cotonneux qui voltigeaient dans l'air, tout cela, je le voyais, l'entendais, le sentais.

Quand nous arrivâmes sur la lisière de la forêt de Kalinov, nous y trouvâmes la voiture des dames et, contre toute attente, une charrette sur laquelle se tenait un domestique chargé de victuailles. Au milieu d'un amas de foin on apercevait le samovar, puis un petit tonnelet à faire de la glace et plusieurs paquets et boîtes d'aspect engageant. Il n'y avait point à s'y tromper : nous prendrions le thé sur l'herbe. Et il y aurait, de plus, de la glace et des fruits.

À cette vue, nous exprimâmes bruyamment notre joie, car prendre le thé sur l'herbe et dans un endroit où personne n'avait coutume de venir le prendre avait pour nous un attrait particulier.

Tourka entra dans la clairière, s'arrêta et écouta avec attention les ordres de papa concernant la chasse, ce qui ne l'engageait du reste nullement à les suivre ; car il n'en faisait jamais qu'à sa tête. Puis il détacha les chiens, monta à cheval et disparut en sifflant derrière les jeunes bouleaux.

Les lévriers manifestèrent leur joie en fouettant l'air de leur queue et en se secouant avec énergie. Après s'être un instant flairés les uns les autres, ils se dispersèrent au petit trot.

— As-tu un mouchoir ? me demanda mon père.

Je tirai le mien de ma poche et le lui montrai.

— Eh bien, attache ce chien gris...

— Girane ? demandai-je d'un ton de connaisseur.

— Oui... Cours jusqu'à la route. Quand tu seras à la clairière, arrête-toi et attends... Ne reviens pas sans un lièvre !...

J'attachai mon mouchoir au cou velu de Girane et nous partîmes de toute notre vitesse à l'endroit indiqué, ce qui fit rire mon père. Il me cria :
— Vite, vite !... Tu es en retard.
Girane s'arrêtait à chaque instant, dressait les oreilles et écoutait les cris des chasseurs. La force me manquait pour l'entraîner. Je criai :
— Atou ! atou !...
Alors, Girane s'élança d'une telle force que je ne pouvais le retenir. Je tombai plusieurs fois en route, mais nous finîmes tout de même par arriver à notre poste.

Je choisis un endroit couvert au pied d'un chêne et m'étendis sur l'herbe. Je fis asseoir Girane près de moi et j'attendis.

Mon imagination, comme il m'arrive toujours, devançait la réalité. Je me voyais déjà à l'affût de mon troisième lièvre, lorsque les premiers abois des lévriers, mis sur une piste, retentirent.

La voix de Tourka, qui s'animait à mesure et devenait de plus en plus forte, se fit entendre dans la forêt. Les aboiements se précipitaient, plus rapprochés de moi.

À la voix de Tourka se mêla une autre plus grave, puis une troisième, puis une quatrième... Par instants le bruit s'apaisait puis reprenait ; enfin les voix se mêlèrent dans un vacarme sonore faisant écho à travers la forêt.

J'étais immobile à ma place ; les yeux fixés sur l'entrée de la forêt, je souriais stupidement et la sueur me coulait sur le visage ; mais j'étais tellement absorbé qu'en dépit d'un chatouillement désagréable au menton je ne m'essuyais pas.

Pour moi, c'était le moment décisif. Les lévriers se rapprochaient et s'éloignaient de mon poste, et toujours pas de lièvre. Je regardais de tous les côtés ; Girane m'imitait avec de petits cris d'impatience. Enfin il se calma ; il posa sa tête sur mes genoux et demeura immobile.

Des fourmis couraient sur l'écorce desséchée du vieux chêne, elles descendaient sur la terre aride qui entourait le tronc et allaient se perdre dans les brindilles, sous les feuilles mortes et parmi les glands tombés de l'arbre ; puis elles s'enfonçaient dans les petites herbes encore vertes ou sous la mousse jaunâtre, et elles disparaissaient.

Elles se hâtaient, marchant en file et suivant le sentier qu'elles s'étaient frayé, les unes portant des fardeaux et les autres à vide.

Je pris une brindille et la posai en travers de leur route. Il fallait voir avec quel mépris du danger elles franchissaient l'obstacle, en l'escaladant ou en passant dessous. Mais les fourmis chargées ne savaient que faire. Elles s'arrêtaient, cherchaient une voie détournée ou bien revenaient sur leurs pas, ou bien encore, arrivées sur la brindille jusqu'à ma main, semblaient vouloir entrer dans la manche de ma veste.

Je fus arraché à cette intéressante contemplation par un papillon aux ailes jaunes qui me donna la tentation de le prendre. Mais dès que j'eus porté mon attention sur lui, il voleta à deux pas de moi en tournoyant quelques instants au-dessus d'une fleur blanche fanée, sur laquelle il finit par se poser. Je ne sais s'il se chauffait au soleil ou s'il puisait le suc de cette fleur. Mais ce qui était visible, c'est qu'il se sentait à son aise. Il agitait par moments ses petites ailes et se serrait contre la fleur ; il finit par rester complètement immobile. J'appuyai ma tête sur mes mains et je contemplai l'insecte avec un vif plaisir.

Soudain Girane poussa un hurlement et s'élança de sa place avec une telle force que je faillis tomber. Je me retournai, et à la lisière de la forêt, j'aperçus un lièvre qui, une oreille rabattue et l'autre au vent, courait en sautillant. Le sang me monta à la tête : oubliant tout, je poussai un cri aigu et je lâchai le chien, que je suivis en courant.

Mais à peine avais-je lâché Girane que je m'en repentis. Le lièvre eut un mouvement de recul, fit un bond et disparut.

Quelle ne fut pas ma honte quand je vis apparaître Tourka qui précédait toute la meute des lévriers ! Il s'était aperçu de ma faute ; il me jeta un coup d'œil de mépris et me dit simplement :

— Eh ! barine !

Il fallait entendre de quel ton cela fut dit. J'eusse préféré qu'il me suspendît à sa selle comme un lièvre.

Désespéré, je restai longtemps cloué à ma place. Je ne rappelai pas mon chien, et je répétais en me frappant les cuisses :

— Mon Dieu ! qu'ai-je fait ?

La meute s'éloignait avec un bruit faiblissant. J'entendis des coups de fusil alternant avec des appels de cor. Je ne bougeai pas.

# VIII

Les jeux

La chasse était terminée. Un tapis fut étendu à l'ombre des jeunes bouleaux et toute la compagnie s'assit dessus. Gavrilo, le domestique chargé des provisions, essuya les assiettes et retira des boîtes les prunes et les pêches entourées de feuilles fraîches. Le soleil tamisait ses rayons à travers les branches vertes des arbres et dessinait des ornements sur le tapis, sur mes pieds et sur la tête chauve de Gavrilo. Une brise légère courait sur mon visage enflammé et le rafraîchissait délicieusement.

Quand nous eûmes fini notre glace et nos fruits, nous partîmes jouer, malgré que le soleil fût ardent.

— À quoi allons-nous jouer ? demanda Lioubotchka en clignant des yeux à cause du soleil, et en sautant sur l'herbe.

« Jouons à Robinson.

— Non... c'est ennuyeux, fit Volodia qui s'étendit paresseusement sur l'herbe en mâchant des brins de feuillages, toujours Robinson.

« Si vous tenez absolument à jouer, construisons plutôt un petit chalet, conclut-il d'un ton important.

Son orgueil venait sans doute d'avoir monté un « cheval de chasse » ; il affectait une grande fatigue. Peut-être, après tout, avait-il déjà trop de bon sens et plus assez d'imagination pour se récréer au jeu de Robinson.

Ce jeu consistait dans la représentation de scènes du *Robinson suisse*, que nous avions lu peu auparavant.

— Je t'en prie... Pourquoi nous refuser ce plaisir ? lui demandèrent les petites filles.

— Tu seras Charles, ou Ernest, ou le père… comme tu voudras, dit Kategnka en le tirant par la manche et en essayant de le soulever de terre.

— Non, vraiment, cela ne me plaît pas… Cela m'ennuie, déclara Volodia en souriant d'un air suffisant.

— Il aurait mieux valu rester à la maison, si personne ne veut jouer, dit Lioubotchka à travers ses larmes.

Lioubotchka était une terrible pleurnicheuse.

— Eh bien ! soit, mais je t'en prie, ne pleure pas… je ne puis souffrir cela.

La condescendance de Volodia nous procura peu de plaisir ; au contraire, son attitude nonchalante et ennuyée enlevait tout son charme à notre jeu.

Quand nous nous assîmes par terre, pour figurer le départ en canot pour la pêche, et que nous nous mîmes à ramer de toutes nos forces, Volodia resta les mains croisées et dans une posture qui ne ressemblait en rien à celle d'un marinier.

Je lui en fis l'observation. Il me répondit que nous ne gagnerions rien à agiter nos bras et que cela ne nous ferait pas voguer plus loin. Je dus en convenir.

Ensuite, quand j'entrai dans la forêt, un bâton sur l'épaule en guise de fusil, pour simuler le départ pour la chasse, Volodia s'étendit sur le dos, les mains croisées derrière la tête et me dit qu'il était déjà revenu. Cette manière d'agir nous refroidissait dans notre jeu et nous était très désagréable, d'autant plus qu'au fond nous ne pouvions nous empêcher de convenir que Volodia agissait en sage.

Je savais très bien qu'avec un bâton on ne pouvait pas tuer un oiseau, ni même tirer le moindre coup de feu, mais puisque c'était un jeu… Si on se mettait à raisonner de cette manière, alors on ne devait pas non plus monter à cheval sur les chaises. Et pourtant Volodia devait bien se rappeler lui aussi que pendant les longues soirées d'hiver nous couvrions de châles un fauteuil et que nous le transformions en voiture. L'un faisait le cocher, l'autre le laquais, et les petites filles se plaçaient au milieu ; les trois chaises formaient la troïka des chevaux et nous nous mettions ainsi en route. Et que d'aventures nous arrivaient pendant ce voyage imaginaire ! Et avec quelle brièveté passaient ces longues et joyeuses soirées d'hiver !… Si on voit tout avec les yeux de la sagesse, il n'y a plus moyen de jouer. Et si l'on ne joue pas, que reste-t-il, alors ?

## IX

### Quelque chose comme un premier amour

En faisant le simulacre d'arracher d'un arbre quelques fruits américains, Lioubotchka ôta de dessus une feuille un énorme ver. Elle le jeta, éleva les mains au ciel et recula terrifiée. Le jeu cessa et, en rond, nos têtes se touchant, nous admirâmes cette rareté.

Je regardais par-dessus l'épaule de Kategnka, qui tâchait d'attirer le ver sur une feuille en lui barrant la route.

J'avais remarqué que la plupart des petites filles font sans cesse un mouvement des épaules pour remettre en place leur robe mi-décolletée. Je me rappelle encore que Mimi s'en irritait fort : elle déclarait en français que c'était un geste de femme de chambre.

En se penchant sur le ver, Kategnka fit ce mouvement, et au même instant le vent souleva son fichu et découvrit son cou blanc. Sa petite épaule était en ce moment à deux doigts de mes lèvres. Je ne regardais plus le ver ; je dévorais des yeux l'épaule de Kategnka, et je finis par l'embrasser de toutes mes forces. Elle ne se détourna pas, mais je remarquai que son cou et ses oreilles avaient rougi.

Volodia, sans relever la tête, dit avec dédain :

— D'où te vient cette tendresse ?

J'en eus les larmes aux yeux.

Je ne cessais de regarder Kategnka. J'étais depuis longtemps habitué à son frais visage, mais à présent que je l'examinais plus attentivement, je me sentais l'aimer davantage.

Quand nous retournâmes vers les *grands*, papa nous déclara, à notre grande joie, que notre départ était remis au lendemain matin.

Nous rentrâmes en même temps que la voiture. Volodia et moi, dans notre désir de montrer notre talent d'équitation, nous nous piquions d'émulation. Mon ombre était plus longue qu'au départ, et, jugeant d'après elle, je me trouvais beau cavalier. Mais le sentiment de joie que j'éprouvais fut bientôt détruit par les circonstances suivantes. Pour conquérir les suffrages des dames, je retins un peu mon cheval, puis, de la cravache et de l'éperon, je stimulai l'animal en prenant une posture gracieusement nonchalante et voulus gagner au trot le côté où se tenait Kategnka. Je me demandais s'il était plus convenable de passer au galop et en silence, ou bien de pousser un cri. Mais, en passant auprès des chevaux attelés à la voiture, mon *keppler* s'arrêta si brusquement, que je fus lancé de la selle sur le cou de la bête et faillis tomber...

# X

## Quel homme était mon père

Mon père était un homme du vieux temps. Il avait ce caractère indéfinissable de chevalerie comme tous ceux de sa génération ; c'était un homme d'initiative, sûr de lui-même et très aimable.

Il considérait les gens d'aujourd'hui avec mépris, et cela, autant à cause de son orgueil inné qu'à cause d'un secret dépit de n'avoir point, dans notre temps, l'influence et le pouvoir qu'il eût eus à une autre époque.

Ses deux principales passions étaient le jeu et les femmes. Il avait gagné dans le cours de son existence plusieurs millions et s'était lié avec un nombre incalculable de femmes de toutes les classes.

De haute taille, élancé, la démarche affectée, avec un balancement rythmique des épaules, de petits yeux toujours souriants, un grand nez aquilin, des lèvres irrégulières qui se plissaient gauchement mais exprimaient la sympathie, un petit zézaiement quand il parlait et une complète calvitie. Voilà l'extérieur de mon père tel que je l'ai toujours connu, Avec cet extérieur, non seulement il a eu le renom, mais encore les plaisirs d'un homme à bonnes fortunes, car il a su plaire à tous ceux à qui il a bien voulu.

Dans ses relations il lui était facile de dominer. N'ayant jamais été un homme du *très grand monde*, il y avait cependant ses entrées et y était considéré. Il savait se tenir aux extrêmes limites de l'orgueil et de la suffisance qui n'offensent pas les autres et rehaussent un homme dans l'estime du monde. Il était original, mais pas toujours ; il se servait de son originalité dans certains cas, et cela lui tenait lieu de richesse et de connaissance des usages. Ne s'étonnant jamais de rien, il se fût trouvé dans n'importe quelle situation brillante, qu'il eût considéré cela comme tout naturel et fait à point pour lui. Il tenait surtout à ses hautes relations, qu'il devait en partie à la parenté de ma mère, en partie aussi, aux amis de sa jeunesse, contre lesquels, au fond, il gardait rancune d'avoir poursuivi une belle carrière, tandis qu'il était pour la vie lieutenant en retraite de la garde impériale.

Comme tous les militaires, il ne suivait les modes que de loin, mais il s'habillait avec originalité et d'une manière gracieuse. Un habit large et léger, de beau linge fin, de longues manchettes retroussées et des cols rabattus... Tout cela, d'ailleurs, allait bien à sa haute taille, à sa forte corpulence, à sa tête chauve et à ses mouvements posés.

Il était très sensible ; souvent, en lisant à haute voix, quand il arrivait à un passage pathétique, sa voix tremblait, des larmes montaient à ses yeux et il abandonnait son livre avec dépit.

Il aimait la musique et chantait parfois en s'accompagnant au piano les romances de son ami A..., des chansons de Tziganes et quelques mélodies d'opéra. Mais il n'aimait pas la musique savante ; sans s'occuper de l'opinion générale, il déclarait franchement que les sonates de Beethoven l'ennuyaient et le faisaient dormir, et qu'il ne connaissait rien de mieux que : « Ne me réveille pas, moi, jeune fille » que chantait Semionova, et la romance : « Pas seule » de la Tzigane Zanioucha.

Son tempérament était de ceux qui ont besoin de public pour faire une bonne action. Dieu seul sait s'il avait quelque conviction morale. Sa vie était si remplie d'entraînements qu'il n'avait pas le temps de se créer une morale. D'ailleurs, il se trouvait si heureux qu'il n'en sentait pas la nécessité.

Avec l'âge il se créa un point de vue stable sur les choses, mais en se plaçant toujours au point de vue pratique.

Il parlait souvent avec chaleur, et cette faculté, il me semble, augmentait la flexibilité de ses convictions : il était capable de raconter la même aventure comme une escapade inoffensive ou bien comme une action basse et vile.

## XI

### Occupations d'intérieur

Il se faisait nuit quand nous rentrâmes à la maison. Maman s'assit au piano, et nous, les enfants, nous apportâmes du papier, des crayons et des couleurs, et nous nous mîmes autour de la table ronde. Je n'avais que du bleu ; malgré cela je résolus de peindre la chasse. Ayant dessiné à grands traits un gamin bleu monté sur un cheval bleu, escorté de chiens bleus, j'eus un scrupule : pouvais-je faire des lièvres bleus ? Je courus au cabinet de travail de mon père pour avoir là-dessus son avis.

Il était occupé à lire ; à ma question s'il existait des lièvres bleus, il me répondit sans lever la tête : – Oui, mon ami, oui.

Je revins à mon dessin et fis un lièvre bleu, que je crus ensuite nécessaire de transformer en un arbuste ; mais cela ne me plut pas et j'en fis un arbre, puis de l'arbre une meule, de la meule un nuage ; enfin je finis par tellement barbouiller mon papier de bleu que je le froissai avec dépit et que je m'en fus sommeiller dans le voltaire.

Maman jouait le *second concerto* de Field, son maître préféré. Dans mon demi-sommeil je sentais des souvenirs légers, sereins et transparents, traverser ma pensée.

Maman attaqua une sonate pathétique de Beethoven et un souvenir morne, triste et pénible m'envahit. Elle jouait souvent ces deux morceaux, et je me rappelle très bien les sensations qu'invariablement ils provoquaient en moi.

Ces sensations étaient des sensations de souvenirs, mais des souvenirs de quoi ?

Il me semblait me souvenir de choses qui n'avaient jamais existé.

En face de moi était la porte du cabinet paternel. J'y vis entrer Yakov et quelques autres hommes barbus couverts de leur caftan. La porte se referma aussitôt derrière eux.

« Voilà les affaires sérieuses qui commencent », pensai-je.

Il me semblait qu'il ne pût rien être au monde de plus important que ce qui se passait dans le cabinet. Cette pensée trouvait sa confirmation dans ce fait que tous s'approchaient de la porte du cabinet en marchant sur la pointe des pieds et en parlant à voix basse.

J'entendais la voix de papa, et je sentais l'odeur de la fumée des cigares qui, je ne sais pourquoi, me plaisait beaucoup.

À travers mon assoupissement, je perçus un craquement de bottes bien connu ; ce bruit venait de la salle d'office. Karl Ivanovitch entra sur la pointe des pieds ; il avait l'air triste, mais résolu. Il tenait dans sa main une liasse de papiers. S'étant approché de la porte du cabinet, il frappa légèrement.

— Entrez, cria la voix de mon père.

La porte se referma sur Karl Ivanovitch.

« Pourvu qu'il n'arrive pas quelque malheur... Karl Ivanovitch est très irrité... Il serait capable de tout... »

Je m'assoupis de nouveau.

Pourtant aucun malheur n'arriva. Une heure après, le même craquement bien connu me réveilla, et je vis Karl Ivanovitch, les yeux pleins de larmes, sortir de chez mon père en marmottant entre ses dents et remonter chez lui.

À sa suite, mon père rentra au salon.

— Sais-tu ce que je viens de décider ? dit-il gaiement en posant sa main sur l'épaule de maman.

— Quoi, mon ami ?

— J'emmène Karl Ivanovitch avec les enfants... Il y a une place dans la voiture... Les enfants se sont habitués à lui, et il leur est très dévoué... Sept cents roubles de plus ne sont pas une affaire... *Et puis, au fond, c'est un très bon diable*[1].

— J'en suis bien aise, fit maman, pour les enfants et pour lui. C'est un digne vieillard.

— Si tu avais vu comme il était touché, quand je lui ai dit de garder ses cinq cents roubles à titre de gratification... Mais le plus amusant, c'est ce compte qu'il m'a apporté... Cela vaut la

---

1. En français, dans le texte.

peine d'être examiné, ajouta-t-il avec un sourire en tendant à ma mère un bout de papier écrit de la main de Karl Ivanovitch. C'est charmant!

Voici ce qu'il y avait sur ce fameux compte :

« Deux hameçons pour les enfants » :  70 kopecks
» *De la* papier couleur à bordure dorée,
colle et modèle pour *le* boîte, en cadeau : 6 r. 55 kopecks
» *Une* livre, un arc, cadeaux aux enfants : 8 r. 16 kopecks
» Pantalon Nicolaï :  4 r. »
» Promis par Piotr Alexandrovitch
de Moscou, en 18…, *un* montre en or :  140 r. »
» En tout doit recevoir Karl Mauer,
en sus de ses appointements :  159 r. 79 kopecks. »

Après avoir lu ce mémoire, dans lequel Karl Ivanovitch demandait l'argent dépensé en cadeaux et même l'argent des cadeaux qu'on lui avait promis, on pensera sans doute que le pauvre homme n'était qu'un être égoïste et cupide, et l'on se trompera.

En entrant dans le cabinet de mon père, ce papier à la main et un discours tout préparé dans sa tête, Karl Ivanovitch avait l'intention de peindre d'une manière très éloquente toutes les injustices qu'il avait subies dans notre maison. Mais quand il commença à parler, de la voix douce et sentimentale qu'il prenait pour nous faire la dictée, son éloquence agit sur lui-même, de sorte qu'arrivé à l'endroit où il disait : « Malgré toute la tristesse que j'ai de me séparer des enfants… » il s'embrouilla complètement, sa voix trembla et il fut forcé de tirer son foulard à carreaux de sa poche.

— Oui, Piotr Alexandrovitch, dit-il à travers ses larmes.

Ce passage n'était pas compris dans son discours.

— Je suis si habitué aux enfants, continua-t-il, que je ne sais pas ce que je deviendrai sans eux… J'aime mieux continuer de vous servir sans appointements, sanglotait-il en comprimant ses pleurs d'une main et tendant son compte de l'autre.

Que Karl Ivanovitch fût sincère en ce moment, certes, je puis l'affirmer, car j'ai connu son cœur. Mais comment accorder ces paroles et cette note bizarre ?… Cela demeure un mystère pour moi.

— Si cela vous est pénible, il m'est encore plus pénible de me séparer de vous, avait répondu papa en lui frappant sur l'épaule. J'ai réfléchi et je reviens sur ma décision.

Un peu avant le souper, Gricha entra dans le salon. Depuis le moment qu'il était entré chez nous, il n'avait cessé de pleurer et de soupirer ; dans l'opinion de ceux qui croyaient à ses prédictions, cela signifiait l'approche d'un malheur. Il nous fit ses adieux et nous dit que le lendemain, au petit jour, il poursuivrait son chemin.

Je fis un signe à Volodia et je me dirigeai vers la porte.

— Quoi ?

— Si tu veux voir les chaînes de Gricha, allons en haut, dans la chambre où il couche. D'un cabinet on peut très bien s'installer et voir.

— Bon ! Attends-moi ici, je vais appeler les filles.

Les petites accoururent et nous montâmes voir les chaînes de Gricha.

Après avoir quelque temps discuté pour savoir qui entrerait le premier, nous nous mîmes d'accord et nous nous installâmes de manière à pouvoir tout voir sans être vus.

## XII

### Gricha

Nous étions dans l'obscurité et nous nous sentions très mal à l'aise. Nous nous serrions les uns contre les autres sans dire un mot. À peine étions-nous à notre poste que Gricha entra. D'une main il tenait son bâton, et de l'autre une chandelle posée sur un bougeoir de cuivre. Nous osions à peine respirer.

— Seigneur Jésus-Christ!... Sainte mère, Notre-Dame!... Au Père, au Fils et au Saint-Esprit... répéta-t-il en haletant et avec les différentes intonations et abréviations particulières à ceux qui répètent fréquemment ces paroles.

Il accompagnait tous ses mouvements d'une prière. Il mit son bâton dans un coin, examina le lit et commença à se déshabiller.

Après avoir ôté sa vieille ceinture noire, il se dévêtit lentement de son caftan déchiré, le plia avec précaution et le posa sur le dossier d'une chaise.

Son visage n'exprimait plus, comme à l'ordinaire, la stupidité et l'agitation. Au contraire, il était tranquille, pensif, majestueux même. Ses mouvements étaient lents et réfléchis.

Quand il fut déshabillé, il s'étendit doucement sur le lit, qu'il bénit avec des signes de croix multipliés et, faisant un effort visible, il arrangea ses chaînes sous sa chemise.

Après être resté tranquille pendant quelques instants, et avoir examiné son linge déchiré en plusieurs endroits, il se leva, porta avec une prière la chandelle près des icônes, fit un signe de croix et renversa la chandelle, qui s'éteignit en pétillant.

À travers les fenêtres donnant sur la forêt, la pleine lune donnait sa clarté. La silhouette blanche et longue de l'innocent était éclairée d'un côté par les rayons pâles, argentés de la lune ; de l'autre côté une ombre noire qui se confondait avec l'ombre des châssis tombait sur le plancher et s'étendait sur le mur et jusqu'au plafond.

Le gardien de nuit, au-dehors, frappait sur une plaque de cuivre.

Ses grands bras croisés sur la poitrine, la tête baissée et poussant d'incessants soupirs oppressés, Gricha demeurait silencieux devant les icônes. Il se mit péniblement à genoux et pria.

D'abord, il murmura tout bas des prières connues, en appuyant seulement sur certaines paroles, puis il les répéta d'une voix plus haute et avec une grande animation. Il prononçait les mots avec un effort visible en tâchant de s'exprimer en vieux slave. Ces paroles étaient incohérentes, mais touchantes néanmoins. Il pria pour tous ses bienfaiteurs, ainsi qu'il nommait ceux qui l'hébergeaient, y compris notre mère et nous. Il demanda à Dieu de lui pardonner ses grands péchés en répétant : « Dieu, pardonne à mes ennemis. »

Il se levait en répétant encore ces paroles ; de nouveau il se prosternait puis se relevait, malgré le poids de ses chaînes qui résonnaient avec un bruit sec et métallique sur le parquet.

Volodia me pinça brusquement la jambe très fort. Je ne me retournai même pas. Je me contentai de me frotter l'endroit pincé et je continuai à considérer avec un mélange d'étonnement enfantin, de pitié et de profond respect, les faits et gestes de Gricha.

Au lieu de l'amusement et des rires auxquels je m'attendais en entrant dans le cabinet noir, je me sentais pris de fièvre et j'avais le cœur serré.

Longtemps encore Gricha, en proie à son transport religieux, continua d'improviser des prières. Tantôt il répétait plusieurs fois de suite : « Dieu, pardonne-moi », et chaque fois avec une nouvelle force et une nouvelle ferveur ; tantôt il disait : « Pardonne-moi, Seigneur... Apprends-moi ce que je dois faire... Apprends-moi ce que je dois faire, Seigneur ! » avec une telle animation qu'on eût cru qu'il attendait une réponse immédiate à sa supplication. Tantôt nous n'entendions plus que des pleurs et des lamentations.

Il se redressa sur ses genoux, croisa les bras et se tut. Je passai doucement la tête à travers la porte en retenant mon souffle. Gricha ne bougeait pas. Des soupirs pénibles sortaient de sa poitrine. Dans la prunelle trouble de son œil louche éclairé par la lune je vis une larme.

— Que Ta volonté soit faite ! s'écria-t-il tout à coup avec une expression indéfinissable.

Il tomba par terre et pleura comme un enfant.

Beaucoup d'eau a coulé depuis, beaucoup de souvenirs ont perdu leur signification pour moi et sont devenus vagues, même le pèlerin Gricha a depuis longtemps accompli son dernier pèlerinage, mais l'impression qu'il a produite sur moi et les sentiments qu'il a éveillés en moi ne s'effaceront jamais de ma mémoire.

Oh ! grand chrétien Gricha !... Ta foi était si vive que tu sentais la présence de Dieu ; ton amour était si grand, que les paroles coulaient d'elles-mêmes de tes lèvres sans aucune intervention de ton raisonnement... Quelle haute louange tu donnais à Sa grandeur, quand, ne trouvant plus de paroles, tu tombais à terre en fondant en larmes !...

L'émotion profonde et douce que me causait Gricha ne pouvait durer longtemps, d'abord parce que ma curiosité était satisfaite, ensuite parce que, à force d'être demeuré à la même place, je me sentais les jambes engourdies ; puis je voulais partager l'animation et les murmures que j'entendais derrière moi dans le cabinet noir.

Je me sentis saisir la main. Une voix étouffée demanda :
— À qui cette main ?

Le cabinet était tout à fait obscur, mais au contact et au murmure qui avait effleuré mon oreille j'avais reconnu Kategnka.

Malgré moi, je saisis cette main, et je remontai jusqu'au coude nu et j'y appliquai mes lèvres.

Kategnka s'étonna probablement, elle retira son bras. Ce mouvement fit heurter une chaise cassée qui se trouvait là. Gricha leva la tête, regarda lentement autour de lui et lança, avec force prières, des signes de croix dans tous les coins. Nous nous enfuîmes avec bruit.

# XIII

## Natalia Savichna

Au milieu du siècle passé, dans les cours du village Khabarovka, courait, pieds nus et couverte de haillons, mais grasse, joyeuse et bien portante, *Natachka*[1].

À la prière de son père, le clarinettiste Sawa, mon grand-père la prit à son service et elle fit partie de la domesticité de ma grand-mère. La femme de chambre Natachka se distingua dans ses fonctions, car elle était d'un caractère avenant et montrait beaucoup de zèle.

Quand ma mère naquit, on eut besoin d'une bonne d'enfant. Ce fut Natachka qu'on choisit. Dans ce nouvel emploi, elle mérita les louanges et les cadeaux par son activité, sa fidélité et son attachement à sa jeune maîtresse. Mais la tête poudrée et les souliers à boucles du jeune domestique Foka, que son service mettait en rapports fréquents avec Natalia, firent la conquête du cœur rude mais aimant de la jeune camériste.

Elle se décida un jour à aller trouver mon grand-père et lui demanda d'épouser Foka.

Mon grand-père considéra ce désir comme une ingratitude ; aussi se fâcha-t-il, et, pour punir la pauvre Natalia, il l'envoya dans un autre village paître le bétail.

Mais comme personne ne pouvait la remplacer, elle fut réinstallée six mois après dans son ancien emploi. Revenue de son exil, quand elle parut devant mon grand-père, elle tomba à genoux, le supplia de lui rendre ses bonnes grâces et jura de ne plus penser à cette sottise qu'elle avait voulu commettre. Elle tint en effet parole.

---

1. Diminutif de Natalia, ne s'emploie qu'en signe de mépris.

Depuis, Natachka est devenue Natalia Savichna[1] et porte des bonnets. Toutes les provisions d'amour qu'elle avait dû garder en elle, elle les reporta sur sa *barichnia*[2].

Quand une gouvernante la remplaça auprès de ma mère, Natalia reçut la clé du buffet, et les provisions et le linge lui furent confiés.

Elle remplit ces fonctions avec la même exactitude et la même gaieté de cœur. Le bien de ses maîtres absorba toute sa vie ; elle se plaignait toujours de ce qu'on dépensait trop, criait contre le gaspillage et tâchait de réagir de toutes ses forces.

Quand maman se maria, désireuse de montrer sa gratitude à Natalia Savichna pour ses services et son attachement de vingt années, elle l'appela chez elle et, après l'avoir remerciée en termes affectueux, lui remit un papier timbré où était écrit l'acte de libération de Natalia Savichna. Elle lui annonça qu'elle était libre de continuer de servir dans la maison ou de quitter le service ; elle recevrait quand même une pension annuelle de trois cents roubles.

Natalia Savichna écouta sa maîtresse en silence, puis elle prit l'acte d'émancipation, le considéra avec colère, murmura quelques paroles et sortit précipitamment en refermant la porte avec violence.

Ne comprenant pas la cause de cette étrange attitude, ma mère se rendit à la chambre de Natalia Savichna. Celle-ci était assise sur sa malle, les yeux pleins de larmes, roulant dans ses doigts le coin de son mouchoir, et regardait fixement les morceaux de papier timbré éparpillés autour d'elle.

— Qu'avez-vous, ma chère Natalia Savichna ? demanda ma mère en lui prenant la main.

— Rien, ma petite mère, répondit-elle. Sans doute, je vous dégoûte, puisque vous me chassez de votre maison... Eh bien ! je m'en irai...

Elle dégagea sa main, et, refoulant ses larmes, voulut sortir de sa chambre.

Ma mère la retint, la prit dans ses bras, et elles pleurèrent ensemble.

---

1. Par estime pour les gens, on leur donne le nom de leur père avec une désinence. Ainsi Savichna, de Sawa.
2. Jeune maîtresse.

Du plus loin qu'il me souvienne, je vois Natalia Savichna, et je me rappelle son amour, ses caresses.

Mais ce n'est qu'à présent que je sais les apprécier ; alors je ne pouvais m'imaginer quelle rare et précieuse créature était cette bonne vieille.

Non seulement elle ne parlait jamais d'elle-même, mais encore elle ne pensait jamais à elle ; toute sa vie n'était qu'abnégation et amour pour les autres. Je m'étais si bien accoutumé à son affection désintéressée et tendre que je n'imaginais pas qu'il en pût être autrement, et je ne lui en étais nullement reconnaissant. Même, jamais je ne m'étais demandé si elle était contente de se dévouer ainsi.

Il m'arrivait souvent, prenant prétexte d'avoir besoin de quelque chose, d'accourir dans sa chambre après ma leçon, de m'asseoir et de rêver tout haut, nullement gêné par sa présence.

Elle était toujours occupée à quelque travail : ou bien elle tricotait des bas, ou bien elle fouillait dans les malles dont était remplie sa chambre, ou bien elle marquait le linge, écoutant les sottises que je débitais tout haut, telles qu'elles me passaient par la tête.

« Quand je serai général, j'épouserai une très belle femme, je m'achèterai un cheval roux, je bâtirai une maison de verre et je ferai venir de Saxe les parents de Karl Ivanovitch », etc., etc.

Elle répondait toujours :

— Oui, mon petit père, oui.

Ordinairement, quand je me levais pour sortir, elle ouvrait sa malle bleu ciel sur l'intérieur du couvercle de laquelle étaient collés, je m'en souviens encore à présent, le portrait d'un hussard, l'étiquette coloriée d'un pot de pommade et un dessin de Volodia. Elle retirait de cette malle une pastille odorante, l'allumait et me disait en l'agitant :

— Cela, mon petit père, c'est une pastille odorante du temps d'Otchakov, du temps de Catherine, à l'époque où feu votre grand-père – qu'il soit au ciel ! – allait combattre les Turcs. C'est lui qui a rapporté ces pastilles... Voici la dernière qui me reste, ajoutait-elle avec un soupir.

Il y avait de tout dans les malles de Natalia Savichna. Quand on avait besoin de quelque chose, on disait ordinairement : « Il faut demander tel objet à Natalia Savichna. » Et, en effet, après

avoir fouillé quelque temps chez elle, elle trouvait l'objet demandé et disait ensuite :
— C'est heureux que j'aie caché cela.
Une fois, je me fâchai contre elle.
Pendant le dîner, en me versant du kvass[1], j'avais laissé tomber la carafe qui s'était répandue sur la nappe.
— Appelez donc Natalia Savichna, pour qu'elle contemple le haut fait de son préféré, dit maman.
Natalia Savichna entra, et, apercevant le dégât, hocha la tête. Puis maman lui dit quelques mots à l'oreille, et Natalia sortit en me menaçant du doigt.
Après le dîner, me trouvant bien disposé, je me dirigeai en sautillant vers le salon. Tout à coup, Natalia Savichna surgit de derrière une porte ; elle tenait la nappe dans la main. Elle me saisit et, malgré mes efforts désespérés, me débarbouilla le visage avec le coin de nappe mouillé, en répétant :
— Ne salis plus la nappe ! Ne salis plus la nappe !
Je me sentis si grièvement offensé que je hurlai de colère.
« Comment ! me disais-je en arpentant le salon, tout suffoqué par les larmes, Natalia Savichna, Natalia *tout simplement*, me tutoie et me frappe avec une nappe humide comme un fils de domestique !... Non, c'est horrible !... »
Quand Natalia Savichna s'aperçut de mes pleurs, elle partit en courant et moi, en continuant rageusement ma promenade, je ruminai la vengeance que je devais tirer contre cette insolente *Natachka* pour l'offense qu'elle venait de me faire.
Quelques instants après, Natalia rentra, s'approcha timidement et se mit à me consoler.
— Cessez donc, mon petit père... Ne pleurez pas... Pardonnez-moi ma sottise... J'ai eu tort... Vous me pardonnerez, ma chère colombe... Voici pour vous, prenez donc.
Elle avait tiré de dessous son châle un cornet de papier rouge plein de caramel et de figues, et me le tendait d'une main tremblante.
Je n'avais pas le courage de regarder la bonne vieille. En me détournant, j'acceptai le cadeau.
Mes larmes coulaient encore, non plus de colère, mais d'amour et de honte.

---

1. Du cidre.

## XIV

## Séparation

Le lendemain des événements que je viens de raconter, vers midi, deux voitures attendaient au bas du perron. Nikolaï était en costume de voyage, c'est-à-dire que son pantalon était dans ses bottes et que sa vieille redingote était étroitement serrée dans sa ceinture. Il se tenait debout dans une voiture et arrangeait des manteaux et des oreillers sous les sièges.

— Faites-moi donc le plaisir, Nikolaï Dimitrievitch, de prendre le nécessaire de voyage du barine dans votre voiture, disait tout essoufflé le valet de chambre de papa en passant sa tête par la portière de la seconde voiture. Il est tout petit...

— Vous auriez dû le dire avant, Mikhey Ivanitch, répondit Nikolaï d'un ton ennuyé.

Il jeta avec colère un paquet au fond de la voiture et poursuivit :

— J'ai déjà assez d'affaires sans cela, la tête m'en tourne... Et vous venez encore avec votre nécessaire, ajouta-t-il en soulevant sa casquette et épongeant son front brûlé par le soleil.

Les *dvorovis*[1], les uns vêtus de caftans et les autres en redingote, d'autres en bras de chemise, la plupart nu-tête, les femmes en robe de coutil, avec des châles à raies, leurs enfants sur les bras, et les gamins pieds nus se tenaient près du perron et causaient entre eux en regardant les voitures.

L'un des *yamstchiks*[2], un vieillard voûté, coiffé d'un bonnet d'hiver, tenait le timon de la première voiture ; il le palpait et l'examinait d'un air songeur.

---
1. Serfs de la maison du seigneur.
2. Postillons.

Un autre, un jeune homme en chemise blanche et coiffé d'un chapeau de feutre noir qu'en grattant ses cheveux blonds il plaçait tantôt sur une oreille tantôt sur l'autre, avait posé son caftan sur une banquette. Il jeta les guides sur le siège et, faisant claquer son petit knout, il examina ses bottes, puis les cochers qui graissaient les roues des voitures.

Des chevaux de poste étaient attachés à la grille ; ils agitaient la queue pour se défendre des mouches. Les uns, les jarrets tendus et les yeux fermés, sommeillaient ; les autres se frottaient les flancs entre eux en arrachant les tiges d'une fougère dure et d'un vert sombre qui poussait près du perron.

Quelques chiens étaient couchés au soleil, haletants ; les autres se promenaient dans l'ombre des voitures et léchaient le suif des essieux.

Un nuage de poussière voltigeait à fleur de terre, soulevé par un fort vent d'ouest. L'horizon était gris lilas, mais le ciel était absolument pur.

Je me tenais à la fenêtre et j'attendais avec impatience la fin de ces préparatifs. Quand tout le monde fut réuni au salon, autour de la table ronde, afin de passer quelques instants ensemble pour la dernière fois, je ne m'imaginais pas quel triste moment nous allions passer.

Je me posais des questions :

« Quel *yamstchik* ira dans une voiture, et quel dans l'autre ? Qui, de Volodia ou de moi, sera avec papa, et qui avec Karl Ivanovitch ? Pourquoi veut-on absolument m'envelopper dans un tartan et dans un paletot ouaté ? Suis-je donc si délicat ? Certes, je n'aurai pas froid... Qu'on parte donc au plus tôt. »

— À qui dois-je donner la note du linge des enfants ? demanda Natalia Savichna en entrant, les yeux rougis par les larmes, et s'adressant à maman.

— Donnez-la à Nikolaï et venez ensuite faire vos adieux.

La bonne vieille voulut dire quelque chose, mais elle s'arrêta, se couvrit le visage de son mouchoir et, faisant un geste désespéré, sortit du salon.

Je vis ce mouvement et j'en eus le cœur serré. Mais l'impatience de partir était plus forte que ce sentiment et je continuai d'écouter avec indifférence la conversation de mes parents. Ils s'entretenaient de choses qui, visiblement, ne les intéressaient ni l'un ni l'autre.

« Que faudrait-il acheter pour la maison ? Que dire à la princesse Sophie et à madame Julia ? La route sera-t-elle bonne ? », etc.

Foka entra et, de la même voix qu'il prenait pour dire : « Le dîner est prêt », il annonça : « Les chevaux sont prêts. »

À ces paroles, je vis maman tressaillir et pâlir, comme si elles eussent été inattendues. On ordonna à Foka de fermer toutes les portes du salon. Cela m'amusa beaucoup :

« On dirait qu'on se cache de quelqu'un », pensai-je.

Quand tout le monde fut assis, Foka prit place également sur le coin d'une chaise, mais presque aussitôt la porte cria sur ses gonds et Natalia Savichna entra précipitamment sans lever les yeux et s'assit près de Foka, sur la même chaise.

Je vois encore à présent la tête chauve et le visage ridé, immobile de Foka, et le profil recroquevillé de la bonne femme avec son bonnet blanc d'où s'échappaient des mèches de cheveux gris. Ils se serrèrent l'un contre l'autre, très gênés.

Les dix secondes que nous passâmes ainsi, les portes closes, me semblèrent durer une heure. Enfin on se leva, on fit le signe de la croix et les adieux commencèrent. Papa serra maman dans ses bras et l'embrassa à plusieurs reprises.

— Cesse donc, ma petite amie, fit papa en se dégageant. Nous ne nous séparons pas pour toujours.

— C'est bien triste, tout de même, dit maman d'une voix émue.

Quand j'entendis cette voix et que je vis ces lèvres tremblantes, ces yeux pleins de larmes, j'oubliai tout et me sentis si triste, une frayeur si douloureuse m'envahit que j'eusse préféré m'enfuir sans lui faire mes adieux. Je compris qu'en étreignant notre père, c'était surtout à nous que s'adressait cette étreinte.

Elle embrassa tant de fois Volodia, et fit sur lui tant de signes de croix que, pensant mon tour venu, je m'avançai, mais elle ne cessait de le bénir et de le serrer sur sa poitrine, encore et encore.

Enfin je tombai dans ses bras, et serré contre elle, je pleurai amèrement, tout à mon chagrin.

Quand nous nous dirigeâmes vers les voitures, les *dvorovis* vinrent nous ennuyer de leurs adieux. Leurs « donnez votre petite main », leurs baisers sonores sur l'épaule, l'odeur de suif dont leurs têtes étaient imprégnées produisirent en moi une sensation très proche du dégoût. Sous l'influence de ce sentiment, j'embrassai très froidement le bonnet de Natalia Savichna, tandis que pleurant elle me faisait ses adieux.

Ce qui est étrange, c'est que j'aie encore sous les yeux les visages de tous les *dvorovis*, au point que je pourrais les dessiner avec tous leurs menus détails. Mais le visage de maman fuit de ma mémoire. Peut-être est-ce parce que à ce moment, je ne pouvais rassembler mes forces pour la regarder. Il me semblait que si je la regardais, notre chagrin atteindrait le paroxysme.

Je m'élançai, avant tout le monde, dans la première voiture et me plaçai sur la banquette de face. La capote était tendue et je ne pouvais rien voir, mais un secret instinct m'avertissait que maman était toujours là.

« Faut-il la regarder encore ?... Allons, pour la dernière fois !... » me dis-je.

Et je me penchai. À ce moment, maman, mue par la même pensée, se pencha de l'autre côté de la voiture et m'appela.

Au son de sa voix, je me retournai, mais si vivement que nos têtes se heurtèrent.

Elle sourit tristement et m'embrassa fort, bien fort, pour la dernière fois.

Au bout de quelques *sagennes*[1], je me penchai de nouveau. Le vent soulevait le fichu bleu qui couvrait la tête de ma mère. Le visage dans ses mains, elle montait lentement les degrés du perron. Foka la soutenait.

Papa était assis à mes côtés et gardait le silence. Je ne cessais de pleurer et ma gorge était si serrée que je pensai étouffer...

Quand nous fûmes sur la grande route, nous aperçûmes un mouchoir blanc qu'on agitait du balcon. J'agitai également le mien et ce mouvement me calma un peu, mais sans que je cessasse de pleurer, car la pensée que mes larmes prouvaient ma sensibilité me procurait un grand plaisir.

Après avoir fait une verste, je m'installai plus commodément et j'examinai avec attention l'objet qui me frappait les yeux le plus immédiatement : c'était la partie postérieure du cheval qui

---

1. Une sagenne vaut trois archines, l'archine vaut un mètre quarante.

trottait du côté où j'étais placé... Je le regardais agiter la queue, piétiner d'une manière égale ; sous le fouet du *yamstchik* les deux cuisses s'agitaient à la fois, le harnais sursautait en faisant danser les anneaux ; je regardai si longtemps que je vis le harnais se couvrir d'écume.

Puis j'examinai les champs dont le vent agitait les épis mûrs. De temps en temps, je voyais des chariots, des moujiks, une jument avec son petit poulain, des poteaux indiquant les verstes parcourues ou à parcourir. Je voulus voir ensuite qui était sur le siège de notre voiture, pour savoir quel *yamstchik* nous conduisait. Je n'avais pas encore essuyé mes larmes que ma pensée était déjà loin de ma mère, dont je venais de me séparer peut-être pour toujours.

Mais tout me la rappelait. Les champignons trouvés dans l'allée de bouleaux me revinrent à la mémoire, et aussi la dispute de Lioubotchka et de Kategnka pour les arracher, et surtout les larmes de ma mère à notre départ.

« Comme je la regrette, et Natalia Savichna aussi, et l'allée de bouleaux, et Foka, même la méchante Mimi ! Je les regrette tous... Et la pauvre maman... »

Mes yeux s'emplirent de nouveau de larmes, mais cela ne dura pas longtemps.

## XV

### Enfance

Heureux, heureux temps de l'enfance, qui ne revient pas ! Comment ne pas aimer, ne pas choyer ces souvenirs ! Ils vous rafraîchissent, ils élèvent votre âme et sont la source de vos meilleures impressions.

Après avoir couru jusqu'à satiété, on s'assied à la table du thé, dans son grand fauteuil ; il est déjà tard, on a déjà bu sa tasse de lait sucré, le sommeil vous ferme les yeux et l'on ne bouge pas de place ; on écoute. Et comment ne pas écouter ?

Maman cause avec quelqu'un et le son de sa voix est si doux... Il me va si droit au cœur !... De mes yeux embrouillés par le sommeil je regarde fixement son visage et tout à coup elle devient si petite... son visage devient aussi petit qu'un bouton... Mais tout reste distinct. Elle me regarde et sourit. J'aime à la voir ainsi, toute petite. Je cligne des yeux encore et elle devient comme ces petits garçons qu'on voit dans la pupille. Mais je viens de faire un mouvement, et l'enchantement a cessé. Je cligne des yeux, je m'agite sur mon siège, je m'efforce de faire revenir l'apparition, mais en vain.

Je me lève et, plaçant mes jambes sous moi, je me blottis commodément dans mon fauteuil.

— Tu t'endormiras de nouveau, Nikolegnka[1], me dit maman. Tu ferais mieux de monter dans ta chambre.

— Je n'ai pas sommeil, maman.

Et des rêves confus, d'une douceur infinie, emplissent mon imagination. Un sain et profond sommeil d'enfant me ferme

---

1. Diminutif de Nikolaï.

les paupières et je m'endors un moment. On me réveille. Je sens, à travers mon sommeil, une main aimée s'approcher de moi et me toucher. Je la reconnais sans l'avoir vue. Encore incomplètement réveillé, je saisis malgré moi cette main et j'y applique bien fort mes lèvres.

Tout le monde était déjà parti. Une bougie restait seule allumée dans le salon. J'entendais maman dire qu'elle me réveillerait elle-même. Elle s'asseyait sur le fauteuil où j'étais endormi, elle passait sa petite main dans mes cheveux; sa douce voix familière résonnait près de mon oreille.

— Lève-toi, ma petite âme... Il est temps d'aller se coucher.

Aucun regard indifférent ne la gênait; elle ne craignait pas de déverser sur moi toute sa tendresse et tout son amour. Je ne bougeais pas et je baisais plus fort sa main.

— Lève-toi donc, mon ange.

Elle m'enlaçait le cou de son autre main et ses doigts s'agitaient et me chatouillaient. Il faisait calme, dans le salon à demi obscur. Mes nerfs étaient surexcités par le chatouillement et par le réveil.

Maman se trouvait tout à fait près de moi, je sentais son parfum, j'entendais sa voix. Tout cela me forçait à me lever; je serrais son cou dans mes bras, je posais ma tête sur sa poitrine et je disais tout oppressé:

— Ah! chère, chère maman, que je t'aime!

Elle souriait de son sourire un peu triste, prenait ma tête dans ses mains, me baisait le front et me posait sur ses genoux.

— Tu m'aimes donc beaucoup?

Puis, après un silence, elle ajoutait.

— Songes-y... Aime-moi toujours. Ne m'oublie jamais. Quand ta maman ne sera plus, tu ne l'oublieras pas, Nikolegnka?

Et elle m'embrassait plus tendrement encore.

— Voyons, ne dis pas cela, ma chérie, ma petite âme! m'écriais-je.

J'embrassais ses genoux et mes larmes coulaient à torrents, larmes d'amour et d'émotion.

Après cela, quand j'arrivais dans ma chambre, que je m'agenouillais devant les icônes, enveloppé de ma petite robe de chambre ouatée, quel agréable sentiment j'éprouvais à dire:

— Sauve, Seigneur, mon papa et ma maman!

Quand mes lèvres d'enfant répétaient avec maman les prières, mon amour pour elle se confondait avec celui de Dieu en un seul et indéfinissable sentiment.

Après la prière, je me mettais sous mes couvertures et je me sentais si léger, si tranquille, si à l'aise... Et mes rêves se succédaient, mais comment et à propos de quoi ?... Ils étaient insaisissables, mais pleins d'amour pur et de l'espoir d'un bonheur plus parfait encore. Je me rappelais Karl Ivanovitch et sa triste destinée. C'était le seul homme que je connusse malheureux. Je le plaignais tant, je l'aimais tant que des larmes me montaient aux yeux et que je disais :

« Que Dieu lui donne le bonheur, qu'il me soit permis de l'aider à porter son chagrin et de l'alléger ! »

J'étais prêt à tous les sacrifices pour lui.

Puis, je prenais mon jouet de faïence, un lièvre ou un chien. Je le plaçais sur un coin de l'oreiller et je prenais garde qu'il ne prît froid. Je priais encore Dieu qu'il donnât contentement et bonheur à tous, et que le lendemain il fît beau temps pour se promener.

Enfin, je me retournais. Mes pensées et mes rêves se mélangeaient et je m'endormais tranquillement, doucement, le visage encore humide de larmes.

Reviendront-ils encore jamais, cette fraîcheur, cette insouciance, ce désir d'amour et cette foi puissante qu'on a dans l'enfance ? Quel temps meilleur que celui où les deux plus excellentes vertus, la gaieté naïve et la soif d'un amour infini, sont les uniques raisons de vivre ?

Où sont ces prières ardentes ? Où est ce précieux don des larmes d'une émotion pure ? L'ange consolateur venait et les essuyait avec un sourire. Il soufflait de doux rêves à l'imagination de l'enfant immaculé.

La vie a donc laissé des traces si pénibles dans mon cœur que ces larmes et ces émotions aient disparu à jamais ? Il ne m'est donc resté que des souvenirs ?...

## XVI

### Des vers

Environ un mois après notre arrivée à Moscou, je me trouvais à l'étage supérieur de la maison de la babouchka, et j'écrivais.

En face de moi, le professeur de dessin finissait une tête de Turc au crayon noir. Volodia, le cou tendu, près du professeur, regardait par-dessus son épaule.

Cette tête était la première œuvre au crayon noir de Volodia. Ce jour même, jour anniversaire de la babouchka, il devait lui offrir ce présent.

— Ne mettez-vous pas un peu d'ombre ici ? demanda Volodia en se dressant sur la pointe des pieds et en désignant le cou du Turc.

— Non, c'est inutile, dit le maître qui ramassa ses crayons et les serra dans une boîte. C'est très bien à présent ; n'y touchez plus... Et vous, Nikolegnka ? me dit-il en se levant et en regardant du coin de l'œil le Turc de Volodia. Découvrez-nous enfin votre secret... Qu'offrirez-vous à la babouchka ?... Vous auriez bien fait, vraiment, de dessiner aussi une petite tête... Au revoir, messieurs.

Il prit son chapeau, reçut son cachet et sortit.

Je pensais comme le professeur de dessin. J'eusse mieux fait de dessiner, moi aussi, une tête, plutôt que d'offrir ce à quoi je m'occupais en ce moment.

Quand on nous avait appris que le jour anniversaire de la naissance de la babouchka était proche et que nous devions préparer des présents pour cette solennité, il me vint aussitôt à l'idée de faire des vers de circonstance. Et, sur-le-champ, je composai deux vers très rythmiques, et ce fut tout. Mais je ne désespérais pas de trouver le reste.

Je ne me rappelle pas bien comment une idée aussi étrange pour un enfant m'était venue, mais je me souviens qu'elle me plut beaucoup. À toutes les questions qu'on me posait à propos de mon cadeau, je répondais invariablement que, moi aussi, je préparais quelque chose pour la babouchka, mais je refusais de m'expliquer davantage.

Contre mon attente, il se trouva que, sauf les deux vers que j'avais composés dans l'inspiration du premier moment, je ne trouvai plus rien. Je relus les vers qui se trouvaient dans nos livres d'étude, mais ni Dmitriev, ni Derjavine ne me furent d'aucun secours. Au contraire, ils me convainquirent de mon incapacité.

Sachant que Karl Ivanovitch aimait à copier des vers, je fouillai furtivement ses papiers et parmi des poésies allemandes j'en trouvai une en russe, qui était sans aucun doute de notre gouverneur.

À Madame L...
Petrovskoïé, 1828, 3, juin.

Rappelez-vous de près,<br>
Rappelez-vous de loin,<br>
Rappelez-vous moi.<br>
Encore d'aujourd'hui et jusqu'au toujours,<br>
Rappelez-vous encore jusque ma tombe<br>
Comme fidèle je suis et aimer je peux.

Karl MAUER.

Cette poésie, tracée en ronde majestueuse sur du papier à lettres, me plut par le profond sentiment de sincérité qu'elle respirait. Je l'appris incontinent par cœur et résolus de la prendre pour modèle.

Dès lors, la chose alla plus rapidement. Le jour de la fête, mon compliment en douze vers était prêt. Je le recopiai, dans la salle d'étude, sur du vélin.

Déjà deux feuilles avaient été gâchées... Non que j'eusse voulu introduire des changements à ma poésie : les vers m'en paraissaient excellents. Mais dès la troisième ligne, les derniers mots montaient toujours en haut. De sorte que même de loin il était visible que j'avais écrit de travers.

La troisième feuille présenta le même défaut que les deux autres. Je résolus de ne pas recommencer une quatrième copie.

Dans mes vers, je complimentais la babouchka, je lui souhaitais une longue vie et je terminais ainsi :

> Nous tâcherons de te consoler
> Et nous t'aimons comme notre propre mère.

Il me parut que ce n'était pas mal, bien que le dernier vers m'offensât quelque peu l'oreille.

— Ai-mons com-me no-tre pro-pre mè-re, répétais-je en comptant les syllabes. Quelle rime eût-il fallu trouver pour remplacer le mot *mat* (mère) ? Est-ce *igrat* (jours) ? *krovat* (lit) ?... Non, cela ira bien ainsi. Cela se rapprochera davantage des vers de Karl Ivanovitch.

Et je finis de copier le dernier vers.

Puis, dans ma chambre à coucher, je relus mon œuvre à haute voix et en l'accompagnant de gestes. Il y avait des vers sans rythme, mais je ne m'arrêtai pas à cela. Le dernier me frappa plus agréablement et plus fortement que les autres. Je me mis sur mon lit tout songeur.

« Pourquoi ai-je écrit : "comme notre propre mère" ? Elle n'est pas ici et je ne devrais pas la mentionner... Il est vrai que j'aime la babouchka... Je l'estime, mais ce n'est pas cela... Pourquoi ai-je menti ?... Après tout, ce sont des vers... Tout de même je n'eusse pas dû... »

Le tailleur entra en ce moment. Il nous apportait nos petits frocs neufs.

— Soit ! dis-je impatienté en fourrant avec dépit mes vers sous mon oreiller.

Et je courus essayer l'habit que m'apportait le tailleur de Moscou.

Les habits du tailleur de Moscou étaient superbes. Les petits fracs bruns, ornés de boutons de cuivre, nous allaient bien à la taille ; ce n'était pas comme nos habits de la campagne, taillés de manière que nous pussions grandir dedans. Les petits pantalons noirs, bien collants, dessinaient merveilleusement nos jambes et tombaient bien sur nos bottes.

— Enfin, j'ai aussi un pantalon avec des sous-pieds, de véritables sous-pieds, me dis-je, ivre de joie, en regardant mes jambes sous tous leurs aspects.

Bien que je me sentisse fort mal à l'aise dans mon nouvel

habit trop sanglé, je n'en voulais pas convenir. Je déclarai y être très commodément et je n'y trouvais qu'un défaut, celui d'être un peu large.

Une fois habillé je restai très longtemps devant la glace à me pommader et à me peigner. Malgré tous mes efforts, je ne pouvais arriver à lisser mes cheveux. Aussitôt que je voulais expérimenter leur obéissance et que je cessais de les comprimer avec la brosse, ils se dressaient de tous côtés et donnaient un aspect très ridicule à ma physionomie.

Karl Ivanovitch s'habillait dans une chambre voisine. Je vis, à travers la salle d'étude, qu'on lui apportait un frac bleu et quelques autres vêtements blancs.

À la porte qui conduisait aux étages inférieurs, j'entendis la voix d'une des femmes de chambre de la babouchka. Je sortis pour savoir de quoi il s'agissait. Elle tenait à la main un devant de chemise fortement empesé.

Elle me dit qu'elle l'apportait à Karl Ivanovitch et qu'elle avait dû passer la nuit pour le laver et le repasser. Je pris le devant de chemise et demandai si la babouchka était déjà levée.

— Comment donc ! Elle a déjà daigné prendre son café... Le *protopope*[1] est déjà arrivé... Comme vous êtes beau ! s'écria la femme de chambre en examinant mon nouvel habit avec un sourire d'admiration.

Cette remarque me fit rougir de plaisir. Je pivotai sur un talon, je fis claquer mes doigts, voulant faire sentir par là qu'elle ne savait pas encore quel gaillard j'étais.

Quand j'apportai le devant de chemise à Karl Ivanovitch, il n'en avait plus besoin. Il en avait mis un autre, et, penché devant une petite glace posée sur la table, il tenait de ses deux mains un magnifique nœud de cravate. Il tira nos habits de tous les côtés, à Volodia et à moi, puis il demanda à Nikolaï de lui rendre le même service. Après quoi, nous nous rendîmes chez la babouchka.

Je ris encore quand je me rappelle la forte odeur de pommade qui s'exhalait de nos trois têtes lorsque nous descendîmes l'escalier.

Karl Ivanovitch avait à la main une petite boîte, qu'il avait faite lui-même, Volodia son dessin et moi mes vers. Chacun de nous

---

1. Prêtre d'un rang élevé, dans l'Église orthodoxe.

préparait le compliment qui devait accompagner chaque cadeau.

Au moment où Karl Ivanovitch ouvrit la porte, le prêtre mettait sa chasuble et l'office commençait.

La babouchka était déjà là, appuyée sur une chaise, elle se tenait debout près du mur et faisait pieusement ses prières. Papa était à côté d'elle.

Elle se retourna vers nous et sourit de nous voir cacher nos cadeaux avec précipitation. Nous étions restés près de la porte, nous efforçant de n'être point remarqués, et voilà que la surprise sur laquelle nous comptions était manquée.

Quand on s'approcha de la croix pour la baiser, je me sentis tout à coup saisi d'un très pénible sentiment de timidité. Jamais je n'aurais le courage d'offrir mon compliment. Je me cachai derrière Karl Ivanovitch, qui, avec les expressions les plus choisies, présentait ses vœux à la babouchka.

Il passa sa petite boîte de sa main gauche dans la main droite et la tendit ensuite à celle à l'intention de qui il l'avait confectionnée. Puis, reculant de quelques pas, il céda la place à Volodia.

La babouchka semblait enchantée du cadeau de Karl Ivanovitch. Elle exprima sa gratitude par son sourire le plus affable. Il était cependant visible qu'elle ne savait où mettre cette boîte ; pour s'en débarrasser, elle la passa à mon père en lui disant d'admirer avec quelle habileté ce travail était fait.

Après avoir satisfait sa curiosité, papa donna la petite boîte au protopope, à qui elle parut plaire énormément. Il hochait la tête et l'examinait avec attention, puis il regarda celui qui avait su créer un tel objet d'art.

Volodia offrit son Turc et reçut aussi les louanges les plus flatteuses de toute l'assistance.

C'était mon tour ! La babouchka m'encourageait d'un sourire. Ceux qui ont eu à lutter avec leur timidité savent que ce sentiment augmente en raison directe du temps, tandis que le courage diminue en raison inverse. Toute mon énergie était partie pendant que Karl Ivanovitch et Volodia présentaient leurs cadeaux. Je sentais le sang refluer *sans cesse* de mon cœur à ma tête et mon visage était de toutes les couleurs. De grosses gouttes de sueur perlaient sur mon front et sur mon nez. Mes oreilles étaient en feu et je tressaillais de tout mon corps. Il m'était impossible de bouger.

— Eh bien ! Nikolegnka, me dit papa. – Montre donc ce que tu as, une boîte ? un dessin ?

Il n'y avait plus à reculer. D'une main tremblante, je tendis le rouleau fatal, tout chiffonné. Mais la voix me manqua et je demeurai bouche béante devant la babouchka. Je ne pouvais me faire à la pensée qu'au lieu du dessin attendu, on lirait devant tous mes détestables vers et ces mots « comme notre propre mère », qui prouveraient clairement que je n'avais jamais aimé maman ou que je l'avais déjà oubliée.

Comment décrire mes souffrances quand la babouchka commença à lire ma poésie à haute voix, surtout quand, s'étant arrêtée au milieu d'un vers mal écrit, elle lança à mon père un sourire qui me parut ironique et quand, à cause de sa vue fatiguée, elle dut remettre le papier à papa en lui demandant de relire le tout. Il me semblait qu'elle fît cela par ennui de lire des vers aussi mauvais et aussi mal écrits, et pour que papa pût s'assurer lui-même, par le dernier vers, quelle était mon insensibilité à l'égard de ma mère.

Je m'attendais à recevoir ma poésie à la figure, avec une pichenette :

« Mauvais petit gamin, tu oublies ta mère. Tiens, voilà ta punition. »

Mais rien de semblable n'arriva. Au contraire, quand papa eut fini, la babouchka dit : « C'est charmant », et m'embrassa sur le front.

La petite boîte, le dessin et mes vers furent placés, à côté de deux mouchoirs de batiste et d'une tabatière ornée du portrait de maman, sur une petite table.

— La princesse Varvara Ilinichna, annonça un des grands laquais qui accompagnaient toujours la voiture de la babouchka.

La babouchka, toute songeuse, contemplait le portrait qui était sur la tabatière en écaille. Elle ne répondit rien.

— Ordonnez-vous de faire entrer, Votre Exellence ? répéta le laquais.

# XVII

## La princesse Kornakov

— Fais entrer, dit la babouchka.

La princesse était une personne d'environ quarante-cinq ans, petite, maigre, colérique. Ses petits yeux, gris verdâtre, très peu avenants, juraient avec sa petite bouche en cœur. Ses cheveux d'un blond roux étaient à demi cachés sous un chapeau de velours orné d'une plume d'autruche. Les sourcils et les cils de cette dame semblaient plus clairs et plus roux encore sur la peau sèche et maladive de son visage. Malgré cela, et grâce à ses manières dégagées, à ses petites mains et à la rigidité de ses traits, l'ensemble avait un aspect noble et énergique.

La princesse parlait beaucoup et appartenait à cette sorte de gens qui parlent toujours comme si on les contredisait, bien que personne n'y songe. Elle élevait et abaissait alternativement le ton ; puis, tout à coup, elle se mettait à parler avec volubilité en dévisageant toutes les personnes présentes, mais qui ne participaient pas à la conversation, comme si elle eût voulu leur demander leur avis.

Malgré que la princesse baisât la main de la babouchka et l'appelât sans cesse « ma bonne tante », je remarquai que celle-ci était mécontente de cette visite. Elle relevait d'une certaine manière ses sourcils en écoutant la princesse lui dire pourquoi son mari, le prince Mikhaïlo, ne pouvait venir féliciter lui-même la babouchka, malgré son grand désir, et, en répondant en russe au français de la princesse, la babouchka traînait sur les mots.

— Je vous suis très reconnaissante, ma chère, de votre attention... Le prince Mikhaïlo n'est pas venu ; eh bien ! n'en parlons plus... Il a toujours tant à faire... Il *est vrai* d'ailleurs qu'il ne doit pas avoir grand plaisir à rendre visite à une vieille femme.

Sans donner à la princesse le temps de répliquer, elle poursuivit :

— Comment vont vos enfants, ma chère ?

— Grâce à Dieu, ma tante, ils grandissent, étudient, s'amusent... Surtout Étienne, l'aîné ; il devient si espiègle qu'on ne peut rien faire de lui. En revanche, il est très intelligent... *Un garçon qui promet*[1]... Imaginez-vous, mon cousin, continua-t-elle en s'adressant à papa, car la babouchka, qui ne s'intéressait nullement aux enfants de la princesse et cherchait plutôt une occasion de vanter ses petits-fils, avait déroulé mes vers et lissé la feuille, prête à la montrer.

« Imaginez-vous, mon cousin, ce qu'il a fait ces jours derniers...

La princesse se pencha vers papa et lui fit à voix basse un récit très animé. Quand elle eut fini, elle se mit à rire et, regardant le visage de papa d'un air interrogateur, elle dit :

— Quel gaillard, hein ! mon cousin... Il méritait bien d'être fouetté... Mais cette escapade est si spirituelle et si amusante, que j'ai pardonné.

Et la princesse fixa la babouchka sans cesser de sourire.

— Vous *battez* donc vos enfants, ma chère ? demanda la babouchka en relevant les sourcils d'une manière significative et en appuyant sur le mot *battez*.

— Ah ! ma bonne tante, lui répondit la princesse d'une voix doucereuse et après avoir jeté un regard rapide sur papa. Je connais votre opinion sur ce sujet... Permettez-moi de n'être point en cela d'accord avec vous... Malgré toutes mes réflexions et toutes les lectures que j'ai faites là-dessus, l'expérience m'a conduite à la conviction de la nécessité d'agir sur les enfants par la peur. Pour faire quelque chose d'un enfant, il faut l'effrayer... N'est-ce pas, mon cousin ?... Eh ! *je vous demande un peu*[2], que craignent les enfants plus que les verges ?

Et elle nous regarda d'un air interrogateur. J'avoue que je me sentais quelque peu mal à l'aise en ce moment.

---

1. En français dans le texte.
2. En français dans le texte.

— Dites tout ce que vous voudrez, mais un garçon, jusqu'à douze, et même quatorze ans, n'est qu'un enfant... Une fille, par exemple, c'est une autre affaire.

« Quel bonheur, pensai-je, que je ne sois pas son fils ! »

— Oui, c'est très bien, ma chère, répondit la babouchka en repliant mes vers et en les replaçant sur la petite boîte, comme si, après ces paroles, elle considérait la princesse comme indigne d'entendre cette œuvre. C'est très bien, seulement, dites-moi, je vous prie, quels sentiments délicats vous pouvez, après cela, attendre de vos enfants ?

Et, considérant cet argument comme étant sans réplique, la babouchka ajouta pour couper court :

— Du reste, chacun a là-dessus son opinion particulière.

La princesse ne répondit pas et se contenta de sourire d'un air de condescendance, exprimant par là qu'elle pardonnait ce préjugé étrange à une personne qui jouissait de sa considération.

— Faites-moi donc faire connaissance avec vos jeunes gens, dit-elle en nous regardant avec un sourire affable.

Nous nous levâmes et, les yeux fixés sur le visage de la princesse, nous nous demandâmes ce qu'il fallait de plus pour prouver que la connaissance était faite.

— Baisez donc la main de la princesse, nous dit papa.

— Je vous prie d'aimer votre tante, dit la princesse.

Et elle embrassa Volodia sur les cheveux.

— Quoique je sois une parente éloignée... mais je compte d'après l'amitié et non d'après la parenté, continua-t-elle en s'adressant particulièrement à la babouchka.

Mais celle-ci continuait d'être mécontente. Elle répondit :

— Eh ! ma chère, est-ce que l'on compte une telle parenté, aujourd'hui !

— Celui-ci sera un homme du monde, dit papa en désignant Volodia, et celui-là un poète, ajouta-t-il, tandis que je baisais la petite main sèche de la princesse tout en me représentant avec une lucidité extrême une verge dans cette main, sous cette verge une banquette, etc., etc.

— Lequel ? demanda la princesse en retenant ma main.

— Celui-ci, le petit aux cheveux hérissés, répondit papa avec un sourire joyeux.

« Qu'est-ce qu'ils lui ont fait, mes cheveux ?... Ne peut-il avoir un autre sujet de conversation ? »

Et je me retirai dans un coin.

J'avais des opinions très étranges sur la beauté. Même, je tenais Karl Ivanovitch pour l'homme le plus beau du monde. Mais je savais très bien que je n'étais pas beau, et je ne me trompais nullement. De sorte que toute allusion à ce sujet me froissait douloureusement.

Je me rappelle très bien qu'un jour, pendant le dîner, j'avais alors six ans, on parla de mon extérieur. Maman tâchait de découvrir quelque chose de sympathique dans mon visage. J'avais, disait-elle, les yeux intelligents, la parole agréable; mais, convaincue par les raisons de mon père, elle dut avouer que je n'étais pas beau.

Quand, après le dîner, je m'approchai pour la remercier[1], elle me tapota la joue et me dit:

— Tu dois le savoir, Nikolegnka, personne ne t'aimera pour ton visage. Par conséquent, tu dois tâcher d'être intelligent et bon.

Ces paroles me convainquirent non seulement que j'étais laid, mais qu'encore je devais être absolument bon et intelligent. Malgré cela, il me prenait comme des accès de désespoir. Je m'imaginais qu'il n'y a pas de bonheur pour un homme avec un nez aussi large, des lèvres épaisses et des petits yeux gris comme les miens. Je priais Dieu pour que, par quelque miracle, il voulût bien me rendre beau, et tout ce que je pouvais avoir dans le présent et dans l'avenir, je l'eusse donné pour un visage agréable.

---

1. Après le repas, il est de coutume de remercier la maîtresse de la maison; les enfants, même devenus grands, agissent ainsi vis-à-vis de leur mère.

## XVIII

### Le prince Ivan Ivanovitch

Lorsqu'on lui eut lu mes vers, la princesse se répandit en éloges sur le jeune auteur. La babouchka s'adoucit alors ; elle continua l'entretien avec elle en français, cessa de lui dire « vous » et « ma chère », et l'invita à venir le soir même avec ses enfants.

La princesse consentit et, après être demeurée encore quelques instants, elle prit congé et partit.

Il vint tant de visites de félicitations ce jour-là que les équipages ne cessaient de stationner dans la cour, au pied du perron.

— Bonjour, chère cousine, dit un des visiteurs en entrant.

Il alla baiser la main de la babouchka.

C'était un homme de soixante-dix ans environ. Il était de haute taille et portait l'uniforme avec de grosses épaulettes. À son cou était suspendue une grande croix blanche. Son visage calme et ouvert, l'aisance et la simplicité de ses mouvements me frappèrent.

Malgré que sa nuque fût seule couverte de rares cheveux formant demi-cercle et que sa lèvre supérieure rentrée sur la gencive trahît une absence totale de dents, son extérieur conservait encore une beauté remarquable.

À la fin du siècle passé, le prince Ivan Ivanovitch, grâce à son caractère chevaleresque, à sa beauté, à son courage hors ligne, à sa parenté élevée, et surtout à la chance, fournit une carrière des plus brillantes.

Il continuait de servir, bien que toutes les ambitions de sa vie eussent été satisfaites dès le début, et qu'il n'eût plus rien à désirer sous ce rapport. D'ailleurs, il avait été préparé dès sa plus tendre jeunesse aux hautes situations qu'il devait occuper. De là venait que, bien que comme tout le monde il eût éprouvé des afflictions, des déceptions et des désillusions, il avait gardé une sérénité inaltérable. Il n'avait jamais modifié ses conceptions élevées sur la morale et sur la religion, et jouissait d'une considération générale, non pas tant à cause de la place qu'il tenait dans le monde qu'à cause de sa fermeté de caractère.

Bien qu'il fût d'une intelligence médiocre, sa situation lui permettait de voir de haut les vanités de la vie. Bon et sensible, il savait être froid et hautain dans ses relations. Cela provenait de ce que, pouvant être utile à la plupart, il voulait écarter et décourager les supplications intéressées qui l'eussent porté à abuser de son influence.

Le prince était très instruit, érudit même. Mais son érudition s'arrêtait à ce qu'il avait appris dans sa jeunesse. Il ne savait rien de ce qu'on sait à présent. Il avait lu tout ce que la France du XVIII$^e$ siècle a produit de remarquable en œuvres philosophiques. Il connaissait à fond les meilleures productions de la littérature française, de sorte qu'il pouvait satisfaire le goût qu'il avait de citer Racine, Corneille, Boileau, Molière, Montaigne, Fénelon.

Il était également très fort sur la mythologie et avait étudié avec fruit les traductions françaises des poèmes épiques de l'Antiquité. Il possédait suffisamment l'histoire d'après M. de Ségur. En revanche, en mathématiques, il n'avait jamais dépassé l'arithmétique, n'était point familier avec la physique et ignorait la littérature contemporaine.

Aussi, il ne pouvait, dans la conversation, que savoir se taire à propos ou dire des généralités sur Goethe, Schiller et Byron, qu'il n'avait jamais lus. Malgré cette éducation franco-classique, dont il reste à présent de si rares spécimens, sa conversation était simple ; cette simplicité contribuait également à cacher son ignorance de certaines choses et à le faire passer pour très tolérant sur certaines opinions.

Grand ennemi de tout esprit original, il disait que l'originalité est un moyen habile dont n'usent que les gens de mauvais ton. La société lui était indispensable, où qu'il vécût : à Moscou ou à l'étranger. Sa maison était hospitalière et, à certains jours, il recevait chez lui toute la ville. Pourtant une invitation de lui était une sorte de passeport pour tous les salons, et les femmes jeunes et jolies lui tendaient volontiers leurs joues roses, qu'il baisait avec des airs paternels.

Le prince n'avait plus que fort peu d'amis qui, comme la babouchka, fussent à la fois de son monde, de ses opinions et de son âge. De là la grande amitié et la profonde estime qu'il avait pour elle.

Je ne pouvais détacher mes regards du prince. La considération dont il était unanimement entouré, ses grosses épaulettes d'or, l'accueil tout particulièrement joyeux de la babouchka, et ce fait qu'il était le seul qui ne se contraignît pas devant elle et avait même le courage de l'appeler « ma cousine », m'avaient inspiré pour lui une estime égale, sinon supérieure, à celle que m'inspirait la babouchka.

Quand on lui eut montré mes vers, il m'appela et dit :

— Qui sait ! ma cousine… Peut-être sera-ce un second Derjavine.

Et il me pinça la joue d'une telle force que j'eusse crié si je n'avais eu la présence d'esprit de prendre ce geste pour une caresse.

Les autres visiteurs nous quittèrent, papa et Volodia sortirent ensemble, et nous restâmes au salon, la babouchka, le prince et moi.

— Pourquoi notre chère Natalia Nikolaïevna n'est-elle pas venue ? demanda tout à coup le prince Ivan Ivanovitch après un moment de silence.

— *Ah ! mon cher*[1], répondit la babouchka en baissant la voix et en posant sa main sur le bras du prince, elle serait certainement venue si elle était libre de faire ce qu'elle veut. D'après ce qu'elle m'a écrit, il paraît que Pierre[2] lui a proposé de l'emmener, mais elle aurait refusé, leurs ressources étant très limitées cette année. Elle m'écrit : « D'ailleurs, je n'ai nullement besoin de me transporter avec toute ma maison à Moscou. Lioubotchka est encore trop petite. Quant aux garçons, ils resteront près de vous. Je suis plus tranquille que si je les avais avec moi. » Tout cela est très bien, dit la babouchka d'un ton qui indiquait clairement qu'elle ne trouvait pas du tout que ce fût très bien. Il y a déjà longtemps qu'on avait décidé d'envoyer

---

1. En français dans le texte.
2. Piotr Alexandrovitch.

ici les garçons pour qu'ils pussent poursuivre leurs études et prendre les habitudes du monde. Quelle éducation, en effet, aurait-on pu leur donner à la campagne ?... Vous savez que l'aîné à déjà treize ans et le cadet onze... Avez-vous remarqué, mon cousin, qu'ils ne savent même pas entrer dans un salon... Ils sont comme de vrais sauvages.

— Je ne comprends pas, dit le prince, ces éternelles lamentations sur le mauvais état des affaires... *Il* a cependant une très belle propriété ; la Khabarovka de Natacha, où jadis nous avons joué ensemble la comédie, je la connais comme mes cinq doigts. C'est une terre magnifique qui doit toujours donner de gros revenus...

— Je vous le dirai comme à un véritable ami, interrompit la babouchka d'un air triste. Il me semble que ce sont des prétextes pour qu'*il* puisse vivre seul ici, fréquenter les cercles, dîner en ville et faire Dieu sait quoi encore !... Elle ne soupçonne même pas cela, la pauvrette... Vous savez quel ange de bonté elle est, combien elle est confiante. Il lui a assuré qu'il ne pouvait emmener les enfants à Moscou et qu'elle devait rester seule à la campagne avec sa sotte gouvernante, et elle l'a cru. S'il lui avait dit qu'on doit fouetter les enfants, comme le fait la princesse Varvara Ilinichna, elle y aurait peut-être consenti, conclut la babouchka en secouant les épaules avec mépris dans son fauteuil.

Elle continua, après un silence pendant lequel elle essuya une larme furtive.

— Oui, mon ami, j'y songe souvent. *Il* ne peut ni l'apprécier ni la comprendre. Malgré toute sa douceur, tout l'amour qu'elle a pour lui, et tous les efforts qu'elle fait pour me cacher son chagrin, je suis convaincue qu'elle ne peut être heureuse avec lui... Rappelez-vous mes paroles : s'il n'est...

La babouchka cacha son visage dans son mouchoir.

— *Eh ! ma bonne amie*[1], fit le prince d'un ton d'affectueux reproche. Je vois que vous n'êtes pas devenue plus sage... Vous vous affligez toujours d'un malheur imaginaire. N'avez-vous pas honte !... Je *le* connais depuis longtemps et je sais qu'il est un mari attentif, affectueux, et surtout qu'il est *un parfait honnête homme*[2].

---

1. En français dans le texte.
2. *Idem.*

M'étant trouvé témoin involontaire d'une conversation que je n'eusse pas dû entendre, je sortis furtivement, sur la pointe du pied, du salon, fortement impressionné de ce que je venais d'apprendre.

## XIX

### Les Ivine

— Volodia ! Volodia !... Les Ivine ! m'écriai-je en apercevant de la fenêtre trois petits garçons vêtus de paletots bleus à collet de castor, que suivait un jeune gouverneur dandy.

Ils quittaient le trottoir d'en face et se dirigeaient vers notre maison.

Nous étions parents avec les Ivine, qui étaient à peu près de notre âge. Peu après notre arrivée à Moscou, nous avions fait connaissance et nous nous étions mutuellement plu.

Le second des Ivine, Serioja[1], avait le teint basané, les cheveux frisés, un petit nez relevé, des lèvres rouges et très fraîches qui rarement couvraient la rangée supérieure de ses dents blanches et serrées, de beaux yeux d'un bleu sombre, l'air très déluré. Il ne souriait jamais et était tout à fait sérieux ou tout à fait hilare. Son rire, qu'il lançait à plein gosier, était railleur et communicatif.

Dès le premier jour, sa beauté originale me fit une vive impression et je ressentis tout de suite pour lui une sympathie irrésistible. Le voir seulement suffisait à mon bonheur et, à une certaine époque, je me rappelle que toutes les forces de mon âme se concentraient dans ce seul désir.

Quand il m'arrivait de ne pas le voir pendant trois ou quatre jours, je m'ennuyais et j'étais triste à pleurer. Tous mes rêves, ceux que me procurait le sommeil comme ceux qui s'imposaient à mon esprit pendant le jour, avaient Serioja pour objet. En fermant les yeux, je le voyais devant moi, et je choyais ce fantôme avec délices. À personne au monde je n'eusse confié ce sentiment,

---

1. Diminutif de Sergueï.

tant il m'était cher. Sans doute, parce que je l'ennuyais avec mes yeux toujours fixés sur lui ou parce qu'il n'avait aucune sympathie pour moi, il aimait visiblement mieux jouer avec Volodia que causer avec moi. J'étais content quand même; je ne désirais et ne demandais rien; j'eusse été prêt à me sacrifier pour lui.

Indépendamment de l'attraction passionnée que je subissais, sa présence m'inspirait un autre sentiment non moins impérieux : c'était la peur de le contrarier, de le blesser en quelque chose, de lui déplaire.

Sans doute à cause de l'air hautain de sa physionomie, ou bien à cause de mon modeste extérieur qui me faisait priser si haut la beauté chez autrui, ou bien, ce qui est plus vraisemblable encore, à cause de l'appréhension dont était mélangé l'attachement que j'avais pour lui, marque distinctive et invariable de l'amour, il m'inspirait autant de crainte que d'affection.

Quand Serioja m'adressa la parole pour la première fois, je fus si frappé de ce bonheur inattendu que je rougis, pâlis et ne pus rien lui répondre. Il avait la mauvaise habitude, quand il songeait à quelque chose, de fixer ses regards sur un point et de clignoter sans cesse des yeux en remuant le nez et les sourcils. Tout le monde estimait que cette habitude lui gâtait le visage; mais moi, je la trouvais si charmante que je me pris malgré moi à l'imiter, de sorte que quelques jours après que j'avais fait connaissance avec Serioja, la babouchka me demanda, à me voir battre les paupières comme un hibou, si je n'avais pas mal aux yeux.

Nous n'avions jamais échangé de paroles amicales, mais il sentait son influence sur moi; il s'en servait inconsciemment, mais d'une manière tyrannique, dans nos rapports d'enfants. Quant à moi, malgré tout mon désir de lui faire savoir ce que mon cœur renfermait d'affection pour lui, je le craignais trop pour que j'osasse me décider à le lui dire. Je tâchais de paraître indifférent et je me soumettais sans protestation à ses fantaisies. Parfois, cette influence m'était pénible, mais je sentais que je ne pouvais m'y soustraire.

Il m'est triste de me rappeler ce sentiment frais et pur d'un amour désintéressé, qui a disparu sans avoir éveillé le même sentiment chez celui qui en était l'objet.

Chose étrange, pourquoi, étant enfant, avais-je toujours la préoccupation d'imiter les grandes personnes ? Depuis que je suis devenu un homme, je n'ai cessé de désirer être semblable aux enfants. Que de fois ce désir de ne pas paraître un enfant dans nos rapports avec Serioja n'a-t-il pas arrêté mes effusions et ne m'a-t-il pas contraint à l'hypocrisie ! Je n'osais, non seulement l'embrasser, ce que par moments je désirais vivement, mais même le prendre par la main et lui dire la joie de le voir, mais même je ne l'appelais que Sergueï et non Serioja. Toute sensibilité était une marque d'enfantillage, et quiconque s'y laissait aller se faisait considérer comme n'étant encore qu'un gamin. N'ayant point encore passé par les dures épreuves qui donnent aux hommes de la réserve et de la froideur dans leurs relations, nous perdions inconsidérément les douces joies des attachements profonds, par le désir étrange d'imiter les *grands*.

Je courus jusqu'à l'antichambre à la rencontre des Ivine. Après les compliments d'usage, je me précipitai chez la babouchka, à qui j'annonçai leur arrivée d'un tel air qu'il semblait que cela dût mettre le comble au bonheur de notre aïeule. Puis, sans quitter Serioja des yeux, je le suivis au salon.

Pendant que la babouchka le trouvait très grandi et attachait sur lui ses yeux perçants, j'éprouvais cette sensation de frayeur mélangée d'espoir qui doit étreindre un artiste attendant le jugement d'un maître sur son œuvre.

Le jeune gouverneur des Ivine, Herr Frost, après en avoir demandé la permission à la babouchka, nous suivit au jardin ; là, il s'assit sur un banc peint en vert, s'étendit commodément et, de l'air d'un homme content de lui, alluma un cigare.

Herr Frost était un Allemand, mais un Allemand d'un tout autre genre que notre bon Karl Ivanovitch. D'abord, il parlait correctement le russe ; il parlait également le français, mais avec un très mauvais accent. Il passait généralement, surtout auprès des dames, pour être très savant. Ses moustaches rousses, la grosse épingle en rubis qui attachait une cravate de satin noir dont les bouts étaient cachés sous ses bretelles, son pantalon bleu ciel à sous-pieds faisaient valoir son air de suffisance et ses jambes extraordinairement musculeuses. On voyait qu'il appréciait par-dessus tout cette dernière qualité. Il se considérait comme irrésistible auprès du sexe faible, et c'est sans doute pour cela qu'il s'étudiait toujours à mettre ses jambes en évidence. Qu'il fût debout ou qu'il fût assis, il ne cessait d'agiter ses mollets.

Le jardin était très gai. Le jeu des brigands allait on ne peut mieux ; un événement faillit tout déranger.

Serioja était le brigand : en poursuivant deux voyageurs, il fit un faux pas et de tout son élan donna du genou contre un arbre d'une telle force que je pensai le voir éclater en morceaux.

Je faisais le gendarme. Bien que mon devoir fût de le happer au collet, je courus vivement à lui et lui demandai affectueusement s'il ne s'était pas fait mal. Serioja se fâcha, serra les poings, frappa du pied, et d'une voix qui trahissait le mal qu'il s'était fait il me cria :

— Mais qu'est-ce donc ?... Il n'y a plus de jeu possible... Pourquoi ne me saisis-tu pas ?... Pourquoi ne me saisis-tu pas ? répéta-t-il à plusieurs reprises en regardant de travers Volodia et l'aîné des Ivine qui faisaient les voyageurs.

Tout à coup, il fit un bond et se mit à les poursuivre à travers les allées avec de grands éclats de rire.

Dire à quel point je fus enthousiasmé de cette action héroïque, est impossible à décrire. Malgré la vive douleur qu'il ressentait, non seulement il ne pleurait pas, mais même il ne laissait pas voir qu'il souffrait et continuait le jeu comme si rien ne lui fût arrivé.

Bientôt, Ilignka[1] Grap se joignit à notre compagnie. Avant le dîner, nous montâmes dans notre chambre. Là, Serioja eut une nouvelle occasion de m'étonner par son courage et par sa fermeté de caractère.

Ilignka Grap était le fils d'un étranger pauvre qui avait vécu jadis chez mon grand-père, dont il devint l'obligé. Il considérait comme un devoir sacré d'envoyer son fils chez nous le plus souvent possible.

S'il supposait que les connaissances ainsi procurées à son fils devaient lui procurer honneur et plaisir, il se trompait, car, non seulement nous n'étions pas les amis d'Ilignka Grap, mais encore nous ne nous apercevions de sa présence que pour faire de lui un objet de moqueries.

Ilignka avait treize ans ; il était maigre, long, pâle ; sa tête ressemblait à celle d'un oiseau et était empreinte d'un air de soumission bonasse. Il était très pauvrement vêtu, mais tou-

---

1. Diminutif d'Elia : Elie.

jours si bien pommadé que nous affirmions voir fondre la pommade au soleil et couler de ses cheveux sur sa nuque. Quand je me le rappelle maintenant, son souvenir est celui d'un garçon doux, bon et serviable. Mais alors il me paraissait un être absolument méprisable, qui ne méritait pas qu'on le plaignît, ni même qu'on pensât à lui.

Une fois, dans notre chambre, nous nous livrâmes à divers exercices de gymnastique, essayant de nous surpasser les uns les autres. Ilignka, un sourire d'étonnement admiratif aux lèvres, nous regardait. Lorsqu'on lui proposa de nous imiter, il refusa en disant qu'il n'était pas assez fort.

Serioja était superbe. Il avait ôté sa veste, son visage et ses yeux étaient enflammés, il riait sans cesse et inventait toujours de nouveaux tours. Il sautait par-dessus trois chaises placées l'une contre l'autre, faisait la roue à travers la chambre, et l'arbre droit en s'appuyant sur le lexique de Tatichtchev, puis une foule de choses extrêmement risibles.

Après cet assaut, il resta rêveur, clignota des yeux, et soudain s'approchant d'Ilignka lui dit :

— Essayez donc de faire cela... Je vous assure que ce n'est pas difficile.

Grap, en s'apercevant que l'attention de tous les enfants était fixée sur lui, avait rougi. Il répondit d'une voix imperceptible qu'il ne pouvait pas.

— Mais c'est ennuyeux, à la fin... Il ne veut rien nous montrer de ce qu'il sait... Serait-ce une fille ? Il faut absolument qu'il se mette la tête en bas.

Et Serioja le saisit par la main.

— Absolument ! absolument ! nous écriâmes-nous tous ensemble en faisant cercle autour d'Ilignka.

Celui-ci, visiblement effrayé, pâlit.

Nous le saisîmes et nous le traînâmes vers les lexiques.

— Laissez-moi, j'essaierai moi-même... Vous déchirez ma veste ! criait notre victime.

Mais ces cris désespérés nous stimulaient davantage. Nous mourions de rire. Sa veste verte craquait à toutes les coutures.

Volodia et Ivine l'aîné le renversèrent et lui posèrent la tête sur les lexiques. Serioja et moi, nous saisîmes les jambes maigres du pauvre garçon, qu'il agitait dans tous les sens, lui retroussâmes le pantalon jusqu'aux genoux et, avec des éclats de rire, nous le dressâmes en arbre droit. Le plus jeune des Ivine maintenait l'équilibre du corps.

À un moment le silence se fit, de telle manière que nous entendions le souffle haletant du malheureux Grap. Je n'étais plus du tout convaincu que le jeu auquel nous nous livrions fût si amusant que cela.

— Très bien!... À présent, tu es un gaillard, dit Serioja en lui donnant une tape.

Ilignka restait silencieux et, tâchant de se débarrasser de ses persécuteurs, agitait toujours les jambes. Dans un de ces mouvements désespérés, il frappa de son talon l'œil de Serioja d'une telle force que celui-ci lâcha aussitôt les jambes de Grap, porta la main à son œil d'où coulaient des larmes et frappa de toutes ses forces Ilignka. N'étant plus retenu, ce dernier tomba inerte à terre et ne put que dire à travers ses larmes :

— Pourquoi me martyrisez-vous ?

L'état lamentable du pauvre Ilignka, dont le visage bouleversé était plein de larmes, ses cheveux hérissés, son pantalon retroussé qui laissait voir des tiges de bottes non cirées, tout cela nous frappa. Nous gardions tous le silence, et nous sourions avec une sorte de malaise.

Serioja revint le premier à lui.

— Quelle *baba*!... Pleurnicheur!... dit-il en le touchant doucement du pied. On ne peut pas plaisanter avec lui... Allons, cessez donc, levez-vous.

— Je t'ai dit que tu es un méchant garçon, dit Ilignka avec colère ; et, se détournant, il se mit à pleurer à chaudes larmes.

— Ah! ah! tu me donnes des coups de talon et tu m'injuries encore, s'écria Serioja en saisissant dans ses mains un dictionnaire et en le brandissant au-dessus de la tête du malheureux qui ne se défendait, ne songeait même pas à se défendre et se contentait de protéger son visage de ses mains.

— Tiens! tiens!... Laissons-le, puisqu'il n'entend pas la plaisanterie... Descendons, ajouta Serioja en grimaçant un rire forcé.

Je regardais, plein de compassion, le pauvre Grap, qui, toujours étendu et le visage caché dans le dictionnaire, pleurait avec une telle abondance qu'il semblait prêt à succomber aux convulsions dont tout son corps était agité.

— Oh! Sergueï, fis-je. Pourquoi l'as-tu frappé ainsi ?

— En voilà une affaire !... Je n'ai pas pleuré, moi, quand je me suis meurtri la jambe presque jusqu'à l'os.

« Cela est vrai, pensai-je, Ilignka n'est qu'un pleurnicheur, tandis que Serioja, lui, est un gaillard... Quel gaillard !...»

Je ne songeais pas qu'Ilignka ne pleurait point tant de la douleur physique, que du chagrin qu'il devait ressentir en voyant cinq gamins, que peut-être il aimait, se réunir pour le haïr et le tourmenter sans aucune raison.

Je ne puis vraiment m'expliquer, à présent, les raisons de l'acte de cruauté auquel je m'étais associé. Comment ne m'étais-je pas approché de lui, ne l'avais-je pas défendu et consolé !

Où étaient donc mes sentiments de compassion, qui, tant de fois, m'avaient fait verser des larmes à la vue d'un jeune oiseau tombé de son nid, ou d'un petit chien qu'on jetait par-dessus un mur, ou d'une poule qu'on allait tuer pour faire la soupe ?

Ces beaux sentiments étaient-ils donc étouffés par mon amitié pour Serioja et par le désir de paraître à ses yeux pour un gaillard comme lui ? Cette amitié et ce désir n'étaient donc guère élevés, puisqu'ils ont laissé la seule tache sombre qui soit sur les pages de mes souvenirs d'enfance.

## XX

## Les invités se réunissent

À la rumeur extraordinaire qui se produisait dans le buffet, à l'éclairage resplendissant qui donnait un aspect nouveau et de fête à tous les objets connus du salon et de la salle de bal, à la vue surtout de la musique que le vieil Ivan Ivanovitch n'avait certainement pas envoyée pour rien, il était visible qu'on attendait une grande quantité d'invités pour le soir.

Au bruit de chaque voiture qui s'arrêtait devant le perron, je courais à la fenêtre, je mettais mes mains en abat-jour, et, avec une impatiente curiosité, je plongeais dans la rue. Des épaisses ténèbres, qui enveloppaient au-dehors choses et gens, ressortaient peu à peu : tout en face, la petite boutique connue avec ses lanternes ; obliquement, une grande maison avec les deux fenêtres du bas éclairées ; dans le milieu de la rue, un malheureux *vagnka*[1] avec deux voyageurs, ou un coupé vide qui retournait lentement chez son maître.

Mais voilà un coupé qui s'arrête devant notre perron. Et moi, avec la certitude que ce sont les invités qui ont promis de venir de bonne heure, je cours à leur rencontre dans le vestibule.

Au lieu des Ivine, j'aperçois, par-dessus l'épaule du laquais qui ouvre la portière, deux femmes, l'une, grande, avec une pelisse bleue, un col en martre ; l'autre, petite, tout enveloppée d'un châle vert, d'où ressortent de petits pieds enfermés dans une élégante chaussure de fourrure.

Sans faire le moins du monde attention à ma présence dans le vestibule, bien que je crusse nécessaire de saluer, les deux femmes passèrent devant moi ; puis la petite s'approcha silen-

---

1. Cocher.

cieusement de la grande, et cette dernière lui dénoua son châle et lui enleva ses fourrures. Les laquais s'approchèrent alors pour leur prendre ces objets et retirer leurs chaussures. Et, à la place de la petite personne enveloppée et voilée, apparut une gentille fillette de douze ans, dans une robe de mousseline courte et décolletée, des pantalons blancs et de mignons souliers noirs. Autour de son petit cou blanc était noué un ruban noir. La tête était entourée de boucles châtain foncé qui encadraient merveilleusement sa jolie figure et retombaient sur ses épaules nues, et que personne, pas même Karl Ivanovitch, n'aurait crues ainsi bouclées pour la seule raison que, depuis le matin, elles avaient été enveloppées dans des papillotes faites avec la *Gazette de Moscou*, puis ensuite chauffées avec les pinces.

Il paraissait vraiment qu'elle était née ainsi, avec cette jolie petite tête bouclée.

Le caractère le plus frappant de sa figure était la grandeur extraordinaire de ses yeux bombés, mi-clos, qui offraient un étrange, mais agréable contraste avec sa bouche mignonne. Ses lèvres finement dessinées, son regard profondément sérieux donnaient à sa physionomie une expression indéfinissable, repoussant jusqu'à l'attente d'un sourire ; aussi, quand cet inattendu se présentait, le recueillait-on avec mille fois plus de plaisir.

Ne me souciant pas d'être remarqué, je disparus par la porte du salon et je trouvai plaisant de me promener de long en large avec un air pensif, qui semblait tout à fait ignorer que des invités se trouvaient déjà là.

Quand les nouvelles venues furent au milieu de la salle de danse, j'affectai de sortir de mes réflexions, je m'inclinai et annonçai la présence de la babouchka dans le grand salon. M$^{me}$ Valakhina, dont la figure me plaisait extrêmement, peut-être à cause de la ressemblance que je lui trouvais avec sa fille Sonitchka, me fit une bienveillante inclinaison de tête.

La babouchka sembla être très heureuse de voir Sonitchka ; elle l'appela auprès d'elle, arrangea une boucle qui lui tombait sur le front, et, la regardant attentivement, dit : « Quelle charmante enfant ! »

Sonitchka sourit, rougit, répondit aux caresses de la babouchka, tout cela avec tant de grâce que je rougis à mon tour, en la regardant.

— J'espère que tu ne t'ennuieras pas chez moi, mon amie, fit la babouchka en lui soulevant le menton : Je te conseille de t'amuser et de danser le plus que tu pourras. Voilà ! Il y a déjà une dame et deux cavaliers, ajouta-t-elle en s'adressant à M^me Valakhina et me touchant au bras.

Ce rapprochement me fut si agréable que, de nouveau, il amena la rougeur à mes joues. Sentant s'accroître ma timidité, bien que j'entendisse le bruit des voitures qui s'arrêtaient, je préférai m'éloigner.

Dans le vestibule, je trouvai la princesse Kornakov avec son innombrable quantité de filles. Elles se ressemblaient toutes comme toutes ressemblaient à la princesse, leur mère, à laquelle elles avaient pris sa laideur.

Pas une seule n'était vraiment digne d'attirer mon attention. En ôtant leurs pelisses et leurs boas, elles parlèrent toutes à la fois d'une voix aiguë, se dépêchant en riant de toutes leurs forces, probablement de se voir si nombreuses.

Étienne était un garçon d'une quinzaine d'années, de grande taille, très musclé, le visage fatigué, les yeux enfoncés sous l'orbite, avec d'énormes mains et de non moins grands pieds, trop grands pour son âge ; il était maladroit, avait la voix inégale, était toujours content de lui-même et me semblait, à moi, un garçon à fouetter.

Nous restâmes assez longtemps debout, l'un vis-à-vis de l'autre, et, sans dire un mot, nous nous regardions. Puis, nous nous rapprochâmes l'un de l'autre, et il me sembla que nous voulions nous embrasser ; mais, nous regardant encore dans les yeux, je ne sais pourquoi, nous changeâmes d'avis.

Quand ses sœurs passèrent près de nous avec leur froufrou, je demandai, pour dire quelque chose, si elles n'avaient pas été trop à l'étroit dans leur voiture.

— Je ne sais, me répondit-il négligemment, je ne vais jamais en coupé ; le mouvement de la voiture me fait mal au cœur et maman le sait. Quand nous allons quelque part, le soir, je me mets toujours sur le siège. C'est beaucoup plus gai. On voit tout. Filipp me donne les rênes et je conduis. Quelquefois, je prends aussi le fouet. Et il m'arrive de faire aux passants..., ajouta-t-il, avec un geste significatif. C'est adorable !...

— Votre Excellence ! dit un laquais en entrant dans le vestibule, Filipp demande où vous avez mis le fouet ?

— Comment! où j'ai mis... Mais, je le lui ai rendu.
— Il dit que vous ne l'avez pas rendu.
— C'est que je l'ai, alors, accroché à la lanterne.
— Filipp assure qu'il n'est pas là non plus. Dites plutôt que vous l'avez perdu. Et voilà que Filipp va être obligé de payer, de son propre argent, vos gamineries ! continua le laquais, en s'échauffant au fur et à mesure qu'il parlait.

Ce laquais, qui avait des allures tout à fait dignes et sérieuses, semblait vouloir prendre chaleureusement le parti de Filipp et décidé, coûte que coûte, à faire le jour sur cette petite affaire.

Par un instinctif sentiment de délicatesse, je fis comme si je n'avais rien entendu et je m'écartai un peu ; mais les laquais présents n'imitèrent pas ma discrétion : ils se rapprochèrent, au contraire, et regardèrent le vieux serviteur d'un air approbatif.

— Eh bien ! Si je l'ai perdu, je l'ai perdu, fit Étienne d'un air qui indiquait qu'il en voulait finir. Qu'est-ce que coûte ce fouet ? Je payerai ce qu'il a coûté. Comme tout cela est ridicule ! reprit-il en s'approchant de moi et m'entraînant dans le salon.

— Mais non, barine, permettez ! Avec quoi payerez-vous ? Je sais comment vous payez : voilà le huitième mois déjà que vous devez à Maria Vassilievna vingt kopeks. C'est la deuxième année que vous me devez à moi... Et à Petroucka ?...

— Veux-tu te taire, s'exclama le jeune prince, pâlissant de colère. Moi-même, je dirai tout.

— Je dirai tout, je dirai tout !... répéta le laquais. Ce n'est pas bien, Votre Excellence, ajouta-t-il sur un ton particulièrement expressif, tandis que nous entrions dans la salle de danse.

— C'est bien, c'est bien, fit une voix approbative, dans le vestibule.

La babouchka avait un remarquable talent pour adapter le vous et le toi à la situation des personnes qui l'entouraient, et donner à ce singulier et à ce pluriel une signification tout autre que celle qui lui avait été imposée par l'usage.

Quand donc le jeune prince s'approcha de la babouchka, elle lui adressa quelques mots en lui disant *vous* et lui jeta un coup d'œil si méprisant que, si je m'étais trouvé à sa place, je me serais cru absolument perdu. Mais Étienne était – comme il le faut croire – un garçon d'une tout autre *constitution* ; non seulement il ne fit pas attention aux paroles de la babouchka, mais encore il ne prit garde à sa personne et s'inclina devant toute la société sans la moindre gêne.

Sonitchka attirait toute mon attention : je me souviens que quand Volodia, Étienne et moi causions au salon dans certain coin d'où l'on voyait distinctement Sonitchka, tandis qu'elle, de son côté, pouvait nous apercevoir et nous entendre, je parlais avec plaisir. Quand il m'arrivait d'avancer un mot plus ou moins téméraire, une phrase à effet, je parlais plus haut et je regardais la porte du salon ; mais quand nous allâmes à une autre place, d'où l'on ne pouvait ni nous entendre ni nous voir du salon, je me tus, ne trouvant plus aucun plaisir à la conversation. Cependant, le salon et la salle du bal se remplissaient peu à peu. Dans le nombre des jeunes invités, comme il arrive toujours dans les bals d'enfants, se trouvaient quelques *grands* qui ne voulaient pas perdre l'occasion de s'amuser et de danser, et qui étaient enchantés de le pouvoir faire sous le facile prétexte de plaire à la maîtresse de la maison. Quand les Ivine arrivèrent, au lieu du plaisir que je ressentais ordinairement à me rencontrer avec Serioja, j'éprouvai contre lui un mécontentement étrange de ce qu'il allait voir Sonitchka et se montrer à elle.

## XXI

### Avant la mazurka

— Eh! mais, cela se voit. Nous danserons aujourd'hui, disait Serioja en sortant du salon et tirant de sa poche une paire de gants de peau. Il faut mettre des gants.

« Comment faire ? Nous n'avons pas de gants, pensai-je, courons en haut pour en chercher. »

Je fouillai par toute la commode, mais vainement. Je trouvai dans un tiroir des moufles vertes de voyage, et, dans l'autre, un gant de peau qui ne pouvait certainement pas servir : premièrement, parce qu'il était trop vieux et trop sale ; secondement, parce qu'il était trop grand pour moi ; et enfin et surtout parce que le médium manquait.

« C'est probablement Karl Ivanovitch qui l'aura coupé pour un doigt malade », pensai-je. Et je gantai cet unique gant, et je fixai comme je pus la place du doigt manquant qui, chez moi, était toujours noir d'encre.

« Ah! si Natalia Savichna était là, comme elle m'aurait déjà trouvé une paire de gants! Comment puis-je descendre ainsi ? On me demandera pourquoi je ne danse pas. Et qu'est-ce que je répondrai ? Rester ici, je ne le peux pas, car on se souviendra de moi. Qu'est-ce qu'il me reste à faire ? » me disais-je, en tapant l'une contre l'autre la paume de mes mains.

— Qu'est-ce que tu fais ici ? me cria tout à coup Volodia. Va! Engage ta dame. Ça va commencer.

— Volodia, lui dis-je en lui montrant ma main et ses deux doigts sales, Volodia, tu n'as même pas pensé à cela ?

— À quoi ? me répondit-il impatienté. Ah! des gants! reprit-il avec indifférence en apercevant ma main. Ah! c'est vrai! Il faut en demander chez la babouchka... Que dira-t-elle ?

Et, sans se donner la peine de réfléchir davantage, il courut en bas.

Le sang-froid avec lequel il s'exprimait dans une situation qui me semblait si grave me calma ; et je me hâtai de descendre au salon, oubliant complètement le gant que j'avais toujours à ma main gauche. M'approchant légèrement du fauteuil de la babouchka et touchant légèrement sa mantille, je chuchotai à son oreille :

— Babouchka, qu'est-ce qu'il nous faut faire ? Nous n'avons pas de gants.

— Quoi, mon ami ?

— Nous n'avons pas de gants, répétai-je en m'approchant plus près et posant mes deux mains sur le bras du fauteuil.

— Qu'est-ce que cela ? fit-elle tout à coup en apercevant ma main gauche. *Voyez, ma chère*, continua-t-elle en s'adressant à M$^{me}$ Valakhina : *Voyez* comme ce jeune homme se fait élégant pour danser avec votre fille !

La babouchka me retenait fortement par la main, regardant les assistants d'un œil interrogateur. Et cela dura tant que la curiosité des spectateurs fut satisfaite et le rire devenu général. J'aurais été très chagriné si Serioja m'avait vu dans cette situation. Vainement, je cherchais à retirer ma main. Cependant, devant Sonitchka qui riait si fort que les larmes lui en venaient aux yeux et que ses boucles dansaient autour de son jeune visage empourpré, je n'avais pas du tout honte. Je comprenais que son rire était trop naturel, trop franc pour être un rire moqueur ; au contraire, nous rîmes tant ensemble de cette aventure, nous regardant l'un l'autre dans les yeux, que nous en fûmes comme rapprochés.

L'épisode du gant, qui eût pu se terminer mal, eut au moins cet avantage de me mettre sur un pied égal à mon entourage, ce qui me semblait toujours la chose la plus difficile à réaliser dans un salon. Je ne sentais plus aucune gêne.

Les souffrances des gens timides les empêchent d'ordinaire de connaître l'opinion qu'on a d'eux ; dès que cette opinion leur est connue, favorable ou non, leur souffrance prend fin.

Comment Sonitchka Valakhina – lorsque, devant moi, elle dansait la contredanse avec le jeune prince, – comment pouvait-elle être aussi belle ? Comme elle souriait gentiment lorsque, dans la *chaîne des dames*, elle me prenait par le bras !

Comme ses cheveux bouclés voltigeaient follement autour de sa gracieuse tête et comme, de ses pieds mignons, elle faisait naïvement *jetés* et *assemblés* ! À la cinquième figure, quand, attendant la mesure, je me préparais à faire le *cavalier seul*, Sonitchka ferma ses petites lèvres et se prit à regarder de côté. Mais elle avait inutilement peur pour moi. Je fis courageusement le *chassé en avant*, le *chassé en arrière*, *la glissade*, et, quand je m'approchai d'elle je lui montrai d'un geste comique le gant avec les deux doigts. Elle éclata de rire, et, plus agréablement encore qu'auparavant, elle se prit à gambader avec ses petits pieds sur le parquet.

Je me souviens encore de la ronde que nous dansâmes. Tous nous nous prîmes par la main, et chacun venait frotter son nez sur mon gant.

Tout cela est devant mes yeux, présent comme d'hier.

J'entends encore les sons de la contredanse qui s'appelle La « Sirène du Danube », aux accords desquels tout cela se passait. Enfin, j'allais danser avec Sonitchka... En attendant la première mesure, je m'assis à ses côtés ; mais un embarras extrême me prit et je ne savais pas du tout de quoi l'entretenir. Quand le silence commença à devenir embarrassant, la peur me vint qu'elle ne me prît pour un sot et je me décidai, coûte que coûte, à parler :

— *Vous êtes une habitante de Moscou ?* lui dis-je.

Après une réponse affirmative, j'osai continuer :

— *Et moi, je n'ai encore jamais fréquenté la capitale.*

Je comptais sur l'effet du mot *fréquenté*. Je sentais cependant que, malgré ce brillant commencement et mon vif désir de montrer une haute connaissance de la langue française, je ne pourrais continuer longtemps sur ce ton.

Notre tour de danser étant encore éloigné, le silence se renouvela.

Je regardais avec inquiétude pour juger de l'effet que je faisais et j'attendais de ma compagne un peu d'aide.

— Où avez-vous trouvé un si drôle de gant ? me demanda-t-elle tout à coup.

Cette question me produisit un grand plaisir et un énorme soulagement.

J'expliquai que le gant appartenait à Karl Ivanovitch, je rappelai combien il était quelquefois ridicule quand il ôtait son bonnet rouge et comment, vêtu d'un pardessus vert, il lui arriva un jour de tomber de cheval, droit dans un marais, etc., etc.

La contredanse passa sans qu'on s'en aperçût.

Tout cela était fort bien; mais pourquoi avais-je parlé, avec moquerie, de Karl Ivanovitch? Aurais-je diminué la bonne opinion de Sonitchka à son endroit? Si, au moins, j'en avais parlé avec ce respect et cet amour que je ressens pour lui!

Quand la contredanse fut terminée, Sonitchka me dit: « Merci! » et cela avec une expression si mignonne que j'aurais pu croire avoir mérité ses remerciements.

J'étais ravi, je débordais de joie, je ne me reconnaissais plus.

Où avais-je pris ce courage, cette assurance et cette audace?

« Il n'y a pas de chose capable en ce moment de me rendre confus », pensais-je en me promenant nonchalamment dans le salon. « Je suis prêt à tout. »

Sonitchka vint me proposer de lui faire vis-à-vis.

— Bien! dis-je. Je n'ai pas de dame; mais je trouverai.

Je jetai un coup d'œil dans le salon et je vis que toutes les dames étaient prises, excepté une grande demoiselle demeurée seule sur son banc.

Un jeune homme de grande taille s'approcha d'elle, ainsi que je supposais, pour l'engager. Il était à la distance de deux pas, tandis que j'étais, moi, de l'autre côté du salon. D'un seul bond, je franchis l'espace qui me séparait d'elle et, faisant un gracieux recul du pied droit, d'une voix résolue j'invitai la jeune personne pour la prochaine contredanse.

La demoiselle sourit avec bienveillance, me donna son bras, et le jeune homme resta seul, sans dame.

J'avais une telle conscience de ma force qu'en ce moment même je ne fis aucune attention à la colère de mon rival; mais je l'entendis ensuite qui demandait:

— Qui est ce gamin échevelé? Cet écervelé qui m'est venu prendre ma dame presque sous le nez!

# XXII

## Mazurka

Le jeune homme auquel je venais de prendre sa dame dansa la mazurka le premier. Il sauta de sa place, tenant sa danseuse par la main; mais au lieu de faire le *pas de Basque* tel que Mimi me l'avait appris, il sauta simplement en avant, courut jusqu'à l'angle, s'arrêta, délia ses pieds, frappa de son talon le parquet, tourna, et, sautant, courut encore plus loin.

Comme je n'avais pas choisi de dame pour la mazurka, je restai appuyé sur le haut du fauteuil de la babouchka et j'observai.

« Mais, que fait-il, enfin ? réfléchissais-je en moi-même. Ce n'est pas du tout ce que Mimi m'a appris. Elle m'a assuré qu'on danse la mazurka sur la pointe des pieds, en faisant le pas marché et en arrondissant la jambe. Mais il paraît qu'on ne la danse plus du tout comme cela. Ivine, Étienne, tout le monde danse à présent le *pas de Basque*.

« Et Volodia aussi a pris la nouvelle manière ! Pas mal...

« Et Sonitchka, comme elle est mignonne ! La voilà qui danse... »

J'étais très gai. La mazurka finissait, quelques messieurs âgés et quelques dames s'approchèrent de la babouchka pour la saluer et partir.

Le valet de chambre, glissant entre les danseurs, porta avec précaution le couvert dans les chambres du fond.

La babouchka, visiblement fatiguée, parlait avec lassitude, traînant ses phrases. Les musiciens commençaient paresseusement, pour la trentième fois, le même motif.

La grande demoiselle avec laquelle j'avais dansé m'aperçut, et, me souriant d'une façon un peu narquoise, croyant sans doute être agréable à la babouchka, amena près de moi Sonitchka et l'une des innombrables princesses.

— *Rose* ou *Ortie*[1] ? fit-elle.

— Ah! Tu es ici, dit, en se retournant dans son fauteuil, la babouchka. Va donc alors, mon ami, va !

J'aurais préféré, en ce moment, me cacher la tête sous le fauteuil de la babouchka, plutôt que de me montrer. Mais comment refuser ?

Je me levai et je répondis « Rose ». Puis, timidement, je regardai Sonitchka.

Mais une main inconnue, gantée de blanc, aussitôt se trouva dans ma main, et la princesse, avec un sourire agréable, se laissa aller en avant, sans s'apercevoir que je ne savais pas du tout ce que je devais faire de mes pieds.

Je savais que le *pas de Basque* ne se faisait pas. Ce n'est pas qu'il n'est pas comme il faut et peut véritablement compromettre ; mais les sons connus de la mazurka produisant leur effet sur mon oreille donnèrent une certaine direction à mes nerfs acoustiques qui, à leur tour, communiquèrent ce mouvement aux pieds. Et ces derniers, tout à fait involontairement, et à l'étonnement de tous les spectateurs, commencèrent à faire fatalement des pointes, des glissés, que sais-je encore ?

Tant que nous pûmes aller droit devant nous, les choses marchèrent bien, mais, à un premier tournant, je remarquai que, si je ne prenais pas des précautions, je courais le risque de devancer les autres, ainsi que ma danseuse.

Pour éviter pareil désagrément, je m'arrêtai avec l'idée de faire le même petit tour que j'avais vu faire au grand jeune homme ; mais, au moment où j'allais écarter les jambes pour mieux sauter, la princesse qui tourbillonnait autour de moi jeta un tel regard de curiosité et d'étonnement sur mes pieds, que je restai d'abord embarrassé, et qu'au lieu de danser, je commençai à trépigner sur place sans mesure, sans grâce, d'une façon fort drôle, mais qui ne ressemblait à rien. Son regard m'avait tué.

Tout à coup, je m'arrêtai. Et tout le monde me regarda, celui-ci avec étonnement, celui-là avec curiosité, un troisième d'un air moqueur, un quatrième avec pitié... La babouchka seule me regarda indifféremment.

---

1. Jeu en usage dans les salons russes.

— *Il ne fallait pas danser si vous ne saviez pas*, fit la voix mécontente de papa; et, me repoussant légèrement, il prit la main de ma dame, fit un tour de danse selon la mode de son temps et, aux applaudissements des spectateurs, reconduisit sa danseuse à sa place.

La mazurka s'achevait en ce moment.

« Dieu! Pourquoi me punis-tu si cruellement?

..................................................................................................................

« Tout le monde me méprise et me méprisera toujours... La route m'est, pour toutes choses, fermée: pour l'amitié, pour l'amour, pour la gloire.

« Tout est perdu.

« Pourquoi Volodia m'a-t-il fait des signes que tout le monde a remarqués et qui ne pouvaient me servir? Pourquoi cette vilaine princesse a-t-elle ainsi regardé mes pieds? Pourquoi Sonitchka... Ah! Elle est mignonne; mais pourquoi a-t-elle souri juste en ce moment? Pourquoi papa m'a-t-il empoigné la main en rougissant? Est-il possible que lui aussi ait eu peur de moi?

« Oh! C'est affreux! Ah! si maman avait été là, elle n'aurait pas rougi, *elle*, de son Nikolegnka... »

Et mon imagination volait loin, à la suite de cette chère image.

Je revoyais la prairie devant la maison, les hauts tilleuls du jardin, les lacs limpides autour desquels voltigeaient les hirondelles, le ciel bleu sur lequel s'arrêtaient les nuages blancs et transparents, des meules de foin parfumé... Et mille autres tranquilles souvenirs passaient et repassaient dans mon imagination troublée.

## XXIII

## Après la mazurka

Pendant le souper, le jeune homme dont il a été déjà question se mit à notre table d'enfants et me prêta une attention qui m'eût flatté si j'avais pu, après tout ce qui venait de m'arriver, prendre intérêt à quelque chose.

Mais, coûte que coûte, le jeune homme avait décidé de me distraire.

Il m'agaçait, m'appelant : « Brave ! »

Et aussitôt que les *grands* ne nous regardaient plus, il remplissait mon verre du vin de différentes bouteilles et m'obligeait à le boire. À la fin du souper, quand le maître d'hôtel vint avec sa bouteille de vin de Champagne entourée d'une serviette, le jeune homme insista pour qu'il me versât une flûte pleine, qu'il me força à boire d'un trait. Je bus et aussitôt je sentis une douce chaleur envahir tout mon corps, des élans de bonté à l'adresse de mon bienfaiteur et d'irrésistibles envies de rire pour la moindre chose.

Tout à coup on entendit de la salle de danse les airs du *Grossvater* et on se leva de table. Notre amitié avec le jeune homme finit là. Il alla chez les *grands*, tandis que, n'osant pas le suivre, je m'approchai avec curiosité de M$^{me}$ Valakhina pour entendre ce qu'elle disait à sa fille :

— Alors, tu veux ?...

— Encore une petite demi-heure, suppliait chaleureusement Sonitchka.

— Vraiment ? C'est impossible, mon ange.

— Mais pour moi, je t'en prie, faisait-elle en caressant sa mère.

— Est-ce que tu seras gaie demain si je tombe malade ?

disait M^me Valakhina, qui commit l'imprudence de sourire.

— Ah! tu as permis? Nous restons? criait Sonitchka en sautant de joie.

— Comment faire, avec toi! Va, alors, danse... Te voilà un cavalier, dit-elle en me désignant.

Sonitchka prit mon bras et nous courûmes au salon. Le vin bu, la présence et la gaieté de Sonitchka me firent entièrement oublier l'aventure de la mazurka. Je faisais les choses les plus amusantes avec mes pieds; imitant le cheval, je courais au trot, levant fièrement mes pieds, ou je piaffais sur place, comme un barine qui se fâche contre son chien. Avec cela, je riais de tout mon cœur, ne prêtant pas la moindre attention à l'effet que je produisais sur les spectateurs. Sonitchka ne cessa pas de rire non plus: elle riait de ce que nous tournions en nous prenant par la main; elle riait en regardant un vieux barine qui, levant lentement les pieds, *sautait le mouchoir*, avec des airs qui pouvaient faire supposer que c'était très difficile à faire.

Et moi, de rire et de sauter presque jusqu'au plafond pour montrer mon adresse.

Traversant, un instant, le cabinet de la babouchka, je me regardai dans la glace: j'avais la figure en sueur, les cheveux en désordre et hérissés, plus droits qu'à l'ordinaire; mais l'expression dominante de mon visage était la gaieté, le contentement.

« Si j'étais toujours comme maintenant! pensai-je, je pourrais plaire tout de même. » Mais quand je regardai, encore une fois, la ravissante figure de ma dame, qui était là, respirant la gaieté, la bonne humeur, limpide, sereine, insoucieuse de sa beauté, élégante et suave, je compris que j'étais bête d'espérer attirer l'attention d'une créature aussi admirable.

Je ne pouvais pas compter sur l'amour réciproque. Non, je ne pensais même pas à cela: mon âme était assez pleine de bonheur *sans cela*.

Je ne comprenais pas que, pour le sentiment d'amour qui emplissait mon âme de bonheur, on pouvait demander un plus grand bonheur encore, et désirer quelque chose de plus, excepté que ce sentiment ne mourût pas. Je me trouvais heureux ainsi. Le cœur me battait comme celui d'un pigeon, le sang circulait vif, rapide, du cœur aux extrémités et des extrémités au cœur: j'étais heureux.

Quand nous traversions le couloir, près des chambres noires, sous le vestibule, je la regardais et je pensais : « Quel bonheur ce serait pour moi de pouvoir, toute l'éternité, vivre avec elle, là, dans cette chambre obscure, sans que personne au monde le sache ! »

— C'est très gai, aujourd'hui, n'est-ce pas ? dis-je d'une voix tremblante et précipitant mes pas, m'effrayant non pas tant de ce que je disais que de ce que j'aurais voulu dire.

— Oui... très... répondit-elle, tournant sa tête de côté avec une expression tellement ouverte et bonne que je cessai d'avoir peur, surtout après le souper...

— Ah ! si vous saviez combien je regrette (je voulus dire plus, mais je n'osai pas) que vous partiez bientôt ! Nous ne nous verrons plus ?

— Pourquoi ne nous verrons-nous plus ? dit-elle en regardant la pointe de ses bottines et traînant son petit doigt sur le paravent encadré près duquel nous passions. Tous les mardis et vendredis nous allons avec maman sur le boulevard Tversky. Est-ce que vous n'y allez pas vous promener ? Je demanderai mardi qu'on m'y conduise, et si on me refuse, je me sauverai seule, sans chapeau. Je connais le chemin.

« Savez-vous ? reprit tout à coup Sonitchka. Quand je parle aux garçons qui viennent chez nous, je dis toujours *tu* ; disons-nous aussi *tu*. Veux-tu ? ajouta-t-elle en inclinant la tête et me regardant droit dans les yeux.

En ce moment, nous entrâmes dans le salon. Et la deuxième partie du *Grossvater* commença :

— Commencez, dis-je, quand le bruit de la musique put couvrir mes paroles.

— Commence, *toi*, et non pas *commencez*, rectifia Sonitchka en riant.

Le *Grossvater* se termina et je ne pus lui dire une seule fois *tu*, bien que j'en cherchasse toutes les occasions.

Je n'en avais pas le courage. « Veux-tu ? », « Commen... ce », ces mots sonnaient dans mes oreilles et produisaient sur moi comme une certaine griserie. Je ne voyais rien et personne, sinon Sonitchka. Je vis comment on souleva ses boucles, comme on les arrangea derrière les oreilles et découvrit son front et ses tempes ; je vis comment on l'enveloppa dans un châle vert si soigneusement qu'on ne voyait plus que le bout de son nez ; je remarquai que si elle n'avait pas pris soin de faire avec ses doigts roses un petit trou près de sa bouche, elle aurait étouffé. Je la suivis de l'œil descendant l'escalier derrière sa mère et se tournant vivement vers nous, faire une dernière inclinaison de tête et disparaître. Volodia, Ivine, le jeune prince, moi, nous étions tous amoureux de Sonitchka. Et, de l'escalier, nous la suivions tous des yeux.

Pour qui cette dernière inclinaison de tête ? Je ne sais pas ; mais, en ce moment-là, j'étais fortement persuadé que ce ne pouvait être qu'à mon adresse. En disant adieu aux Ivine, je parlai très nonchalamment et même froidement avec Serioja et je lui serrai le bras. A-t-il compris que, de ce jour, il avait perdu tout mon amour et aussi toute son influence sur moi ? Peut-être l'aura-t-il regretté, malgré qu'il se soit constamment efforcé de paraître indifférent.

Pour la première fois de ma vie, j'étais infidèle à l'amour, et, pour la première fois, j'éprouvais les douceurs de l'amour. Il m'était agréable de changer un sentiment usé contre un amour tout plein de mystère et d'innocence. Dans le même temps où je cessai d'aimer, je recommençai à aimer, ce qui veut dire que j'aimais double, bien mieux qu'auparavant.

## XXIV

### Dans mon lit

« Comment ai-je pu si longtemps et si affectueusement aimer Serioja ? réfléchissais-je dans le repos du lit. Non. Il ne comprenait pas, il n'a jamais prisé et mérité mon amour...

« Et Sonitchka ? Qu'elle est charmante !

« Veux-*tu* ?... C'est *toi* qui commences. »

Et je me représentais sa figure. Puis couvrant ma tête de mes couvertures, les mettant sur moi de tous les côtés, pour que, d'aucune part, ne restât une ouverture, je m'étendais bien commodément. Peu à peu une agréable chaleur m'envahit, et je m'enfermai dans mes doux rêves. Fixant les yeux dans les replis des couvertures, je la voyais aussi clairement qu'une heure auparavant. Je causais avec elle, et cette conversation, bien qu'elle n'eût aucun sens, me produisait une jouissance indescriptible.

*Tu, à toi, toi* se rencontraient à tout instant.

Ces rêves étaient tellement vivants en ma pensée que je ne pouvais réussir à m'endormir, le sommeil lui-même ne pouvant parvenir à dissiper mon heureux trouble.

Je voulus partager le trop-plein de mon bonheur avec quelqu'un.

« Mignonne ! » disais-je presque haut, me tournant lestement de l'autre côté.

— Volodia, tu dors ?

— Non, répondit-il d'une voix somnolente. Quoi ?

— Je suis amoureux, Volodia, tout à fait amoureux de Sonitchka.

— Mais qu'est-ce que cela me fait ? répondit-il en s'étirant.

— Oh ! Volodia. Tu ne peux pas t'imaginer ce qui se passe en moi... Voilà, tout à l'heure, je suis resté sous la couverture. Et je l'ai vue si nettement. Je lui ai parlé. C'est étonnant. Et, sais-tu encore ? Quand je reste, comme cela, couché et que je pense à elle, – Dieu sait pourquoi – je deviens triste et j'ai envie de pleurer.

Volodia fit un mouvement.

— Je ne désire qu'une chose, continuai-je, c'est de rester toujours avec elle, la voir toujours et rien de plus. Et toi ? es-tu amoureux ? avoue-le-moi franchement, Volodia.

C'est étrange, mais je voudrais que tout le monde fût amoureux de Sonitchka et que tout le monde me le confiât.

— Est-ce que c'est ton affaire ? dit Volodia, tournant la figure de mon côté.

— Peut-être. Tu ne veux pas parler. Tu te caches, criai-je, m'apercevant, à ses yeux brillants, qu'il ne pensait pas du tout à dormir et qu'il avait rejeté sa couverture.

« Parlons d'elle, si tu veux, n'est-ce pas qu'elle est mignonne ? Vraiment, si elle me disait : Nikolegnka, jette-toi par la fenêtre, ou jette-toi dans le feu, je te jure qu'immédiatement je le ferais.

« Oh ! qu'elle est charmante ! ajoutai-je en évoquant sa douce image, là, devant moi.

Et, pour mieux me complaire dans mon rêve, je tournai la tête de l'autre côté et m'enfonçai dans mon oreiller.

— J'ai grande envie de pleurer, Volodia.

— Quel sot ! dit-il, souriant.

Puis, après une pause :

— Eh bien, moi, je ne suis pas du tout comme toi. Moi, j'aurais voulu, si ç'avait été possible, rester à côté d'elle et causer...

— Ah ! alors, tu en es amoureux aussi ? interrompis-je.

— Et, continua Volodia, souriant tendrement, j'aurais embrassé ses petits doigts, ses petits yeux, ses lèvres, son petit nez, ses petits pieds, j'aurais embrassé tout...

— Bêtises ! criai-je au-dessus des oreillers.

— Tu ne comprends rien, fit Volodia avec mépris.

— Non ? Moi, je comprends, et c'est toi qui ne comprends pas, c'est toi qui dis des bêtises, repris-je au milieu de mes larmes.

— Mais, je ne vois pas là de raison pour pleurer, ô fillette que tu es ! ! !

## XXV

## La lettre

Le 16 avril, six mois environ après le jour du bal, papa monta pendant les classes chez nous et nous annonça que nous partirions la nuit suivante à la campagne.

Cette nouvelle m'atteignit au cœur. Mon idée se reporta à l'instant vers maman. La cause de ce départ inattendu était la lettre suivante :

« Petrosvkoïé, 12 avril.

Tout à l'heure, à dix heures du soir, m'est arrivée ta bonne lettre du 3 avril, et, selon mon habitude, j'y réponds tout de suite. Fédor l'apporta hier soir de la ville, mais si tard qu'il ne la donna à Mimi que ce matin. Mimi, sous le prétexte que je suis indisposée et préoccupée, ne me l'a pas remise de la journée.

J'avais, en effet, un peu de fièvre, et, pour t'avouer les choses franchement, voilà déjà le quatrième jour que je ne suis pas bien et que je ne quitte pas le lit.

Ne t'effraye pas, je t'en prie, mon ami. Je me sens moins mal aujourd'hui et, si Ivan Vassilitch me le permet, je me lèverai certainement demain.

La semaine passée, c'est-à-dire vendredi, j'étais allée avec les enfants me promener en voiture ; mais, juste à l'entrée du grand chemin, près du petit pont où j'ai peur souvent, les chevaux et les roues s'embourbèrent. Le jour était beau et l'idée me vint d'aller à pied jusqu'à la grande route pour qu'on pût dégager la voiture.

En m'approchant de la chapelle, je me sentis très fatiguée et je m'assis. Mais, une demi-heure se passa avant qu'on eût réussi à remettre la voiture en bonne voie, le froid me surprit, surtout aux pieds: j'avais des bottines fines entièrement mouillées. Après le dîner, j'éprouvai des alternatives de froid et de chaud; mais, selon mon habitude, je voulus marcher, et, après le thé, je jouai avec Lioubotchka à quatre mains.

Tu ne la reconnaîtrais pas, tant elle a fait de progrès! Mais, imagine mon étonnement quand je m'aperçus que je ne pouvais compter la mesure. Je m'y repris à plusieurs fois, mais tout se brouillait dans ma tête et je sentais un horrible bourdonnement dans les oreilles. Je comptais un, deux, trois, puis huit, douze. Je voyais que je me trompais et je ne pouvais pas me corriger.

Enfin Mimi vint à mon aide et m'obligea à me mettre au lit.

Voilà, mon ami, voilà, dans les moindres détails, comment je suis tombée malade et comment je suis fautive, hélas! Le lendemain, j'avais la fièvre assez fort. Notre bon vieux Ivan Vassilitch vint et resta jusqu'à présent à la maison. Il me promet de me laisser sortir bientôt.

Quel admirable vieillard que cet Ivan Vassilitch! Quand j'avais la fièvre et le délire, il ne dormait pas de la nuit et demeurait auprès de mon lit. En ce moment, comme il sait que j'écris, il s'est installé, avec les fillettes, dans le fumoir. Et, de ma chambre à coucher, je l'entends leur raconter des contes allemands qui les font se tordre de rire.

*La belle Flamande*, comme tu l'appelles, est à demeure chez moi, depuis deux semaines déjà, parce que sa mère est partie en voyage. Elle me témoigne le plus réel attachement et me confie tous ses secrets de cœur. Avec sa ravissante figure, son bon cœur, sa jeunesse, elle aurait pu faire, sous tous les rapports, une excellente jeune fille, si elle avait été en bonnes mains. Mais, dans la société où elle vit, elle se perd, à ce que l'on raconte. L'idée m'est venue que, si nous n'avions pas eu tant d'enfants, j'aurais fait bien de la prendre.

Lioubotchka voulait t'écrire elle-même, mais elle en est déjà à sa neuvième feuille de papier déchirée et elle dit: "Je sais que papa est un moqueur: si je faisais seulement une faute, il la montrerait à tout le monde." Kategnka est toujours gentille, Mimi aussi bonne et aussi ennuyeuse.

Maintenant, parlons de choses sérieuses: tu m'écris que tes affaires ne vont pas bien cet hiver et que tu seras obligé de prendre l'argent de Khabarovka ; je trouve étrange que tu me demandes semblable permission. Est-ce que ce qui m'appartient ne t'appartient pas aussi ? Tu es si bon, mon ami, que, pour ne pas me chagriner, tu me caches la situation vraie de nos affaires. Mais je comprends : tu as perdu beaucoup ? Crois-moi, quand je te jure que rien ne me chagrine moins. S'il est seulement possible d'arranger cette affaire, fais-le et ne t'en tourmente pas inutilement, je suis habituée non seulement à ne pas compter sur ce que tu penses gagner pour les enfants, mais, excuse-moi, même sur ta fortune. Je suis aussi peu gaie quand tu gagnes que quand tu perds et ne me chagrine que de ta malheureuse passion pour le jeu qui me prend une part de ton affection et me force quelquefois à te dire des choses aussi amères que celles que je te dis en ce moment. Dieu m'est témoin si j'en souffre.

Je ne cesse de prier le bon Dieu pour qu'il nous garde non de la pauvreté (qu'est-ce que la pauvreté !), mais de cette affreuse situation où les intérêts des enfants que je serais obligée de défendre pourraient se trouver en contradiction avec les nôtres.

Jusqu'à présent le bon Dieu a entendu ma prière.

Tu n'as pas dépassé la limite où nous serions obligés de sacrifier la fortune qui n'appartient qu'à nos enfants. À cela, je n'ose pas penser. Et, pourtant, ce grand malheur me menace sans cesse. Oui, c'est une lourde croix que nous fait porter à tous deux le Seigneur.

Tu me parles encore des enfants et tu reviens sur notre ancienne querelle. Tu voudrais me décider à les mettre dans un collège ? Tu sais mes préjugés contre ce genre d'éducation. Je ne sais pas, mon ami, si j'arriverai jamais à te persuader. Mais, dans tous les cas, je t'en supplie, pour l'amour de moi, donne-moi ta parole que, tant que je serai vivante et même encore après, si Dieu voulait nous séparer, cela n'arrivera jamais.

Tu m'écris qu'il sera nécessaire d'aller à Pétersbourg pour les affaires. Soit ; fais au mieux, mon ami, va et reviens au plus vite. Nous nous ennuyons tous, ici, sans toi ! Le printemps est merveilleux ; on a enlevé déjà la porte du balcon ; les sentiers, dans les orangeries, depuis quelques jours sont tout à fait secs, les pêchers fleurissent déjà. Il ne reste, nulle part, trace de neige, les hirondelles sont arrivées, et, aujourd'hui même, Lioubotchka m'a apporté les premières fleurs. Le docteur affirme que, dans trois jours, je serai tout à fait bien portante, je pourrai aller au-dehors respirer l'air frais et parfumé et me réchauffer au bon soleil d'avril.

Adieu donc, cher ami. Ne t'inquiète ni de ma maladie, ni de tes pertes. Achève vite tes affaires et viens chez nous, avec les enfants, passer l'été. Je fais de ravissants plans à votre sujet. Toi seul manques pour les réaliser. »

Le reste de la lettre était en français, d'une écriture serrée et penchée et sur un autre bout de papier. Je le traduis mot à mot :

« Ne crois pas ce que je viens de t'écrire au sujet de ma maladie. Personne, ici, ne se doute à quel point elle est sérieuse. Moi seule sais que je ne me lèverai plus de mon lit. Ne perds pas un instant, arrive tout de suite et amène les enfants. Peut-être pourrai-je encore les caresser et les bénir. C'est ma seule et dernière volonté. Je sais quel grand coup je te porte ; mais, tôt ou tard, de moi ou d'un autre, tu l'aurais reçu.

Efforce-toi donc de le supporter fermement et ne perds pas confiance en Dieu. Soumettons-nous à sa volonté.

Ne pense pas que ce que je t'écris soit le résultat du délire d'une imagination malade. Au contraire, mes idées sont très claires et je suis en ce moment absolument calme. Ne te leurre pas d'une vaine espérance. Ce ne sont pas, ici, les faux et sombres pressentiments d'une âme malade. Non. Je sens, je sais – parce que le bon Dieu me le fait connaître – qu'il ne me reste que très peu de temps à vivre.

Mon amour pour toi et les enfants finira avec cette vie ? C'est impossible. Je sens particulièrement en ce moment que ce sentiment sans lequel je ne peux pas comprendre l'existence ne saurait disparaître avec ma vie. Mon âme ne peut exister sans l'amour qu'elle a toujours eu pour vous, et je sais qu'elle existera éternellement, pour cette seule raison qu'un sentiment comme mon amour n'aurait pu jamais naître s'il était destiné à disparaître un jour.

Je ne serai pas avec vous, mais je suis fermement persuadée que mon amour ne vous abandonnera jamais. Cette idée est tellement douce à mon cœur que j'attends l'approche de la mort tranquillement et sans crainte.

Je suis tranquille, car Dieu sait que j'ai toujours regardé et que je regarde encore la mort comme un acheminement à une vie meilleure !

Mais pourquoi les sanglots m'étouffent-ils ? Pourquoi prendre aux enfants la mère aimée ? Pourquoi dois-je te porter un coup si rude et si inattendu ? Pourquoi est-ce que je meurs quand votre amour faisait pour moi la vie indéfiniment heureuse ? Que sa sainte volonté soit faite !

Les larmes que je ne puis retenir m'empêchent d'écrire, peut-être ne te verrai-je plus ? Que je te remercie, mon inappréciable ami, pour tout le bonheur dont tu m'as entourée dans cette vie…! Je demanderai au bon Dieu qu'il te récompense. Adieu donc ! Souviens-toi, quand je ne serai plus, que mon amour ne t'abandonnera jamais et nulle part. Adieu, Volodia ! adieu, mon ange ! adieu, mon Benjamin, mon Nikolegnka ! Est-ce possible, qu'un jour ils m'oublieront ?…»

À cette lettre était joint, en français, un mot de Mimi, ainsi conçu :

« Les tristes pressentiments dont elle vous parle n'ont été que trop confirmés par le docteur. Hier, pendant la nuit, elle ordonna qu'on envoyât immédiatement sa lettre à la poste. Croyant qu'elle parlait dans le délire, j'attendis jusqu'au matin, et je me décidai à l'ouvrir. À peine le cachet était-il brisé, que Natalia Savichna me demanda ce que j'avais fait de la lettre et m'ordonna de la brûler si elle n'était pas déjà partie. Elle parle sans cesse de cette lettre et dit qu'elle peut vous tuer. Ne remettez pas votre départ si vous voulez voir cet ange avant qu'il ne nous laisse. Excusez mon écriture : je n'ai pas dormi depuis cinq jours. Vous savez comme je l'aime ! »

Natalia Savichna, qui passa toute la nuit du 11 avril dans la chambre à coucher de maman, me raconta qu'après avoir écrit la première partie de sa lettre, maman la mit près d'elle, sur la table, puis s'endormit.

— Moi aussi, ajouta Natalia Savichna, je m'endormis dans mon grand fauteuil, si bien que le bas me tomba des mains. Vers une heure de la nuit, étant encore endormie, je l'entendis tout à coup se causant à elle-même ; j'ouvris les yeux et je la vis assise sur son lit, joindre ses petites mains, et les larmes lui coulant « comme trois ruisselets » le long des joues.

«— Alors, tout est fini ? dit-elle en couvrant son visage de ses deux mains.

« Je sautai de ma chaise et demandai :
« — Qu'avez-vous ?
« — Ah ! Natalia Savichna, si vous saviez qui j'ai vu tout à l'heure !
« Vainement je l'interrogeai, elle ne me dit rien de plus. Elle ordonna seulement d'approcher la petite table, écrivit encore quelque chose, commanda que l'on fermât la lettre devant elle et qu'on l'envoyât immédiatement.
« Puis, tout alla de mal en pis. »

## XXVI

## Ce qui nous attendait au village

Le 18 avril, nous descendions de carrosse devant le perron de la maison de Petrovskoïé. Au départ de Moscou, papa était profondément pensif; et quand Volodia lui demanda: « Est-ce maman qui est malade? », il le regarda longuement, et tristement inclina la tête.

Dans le cours du voyage, pourtant, il se calma visiblement; mais, au fur et à mesure qu'on s'approchait de la maison, sa figure prenait une expression de plus en plus triste, et quand, sortant de voiture, il demanda, suffoqué par l'émotion: « Où est Natalia? » sa voix n'était pas ferme et ses yeux étaient remplis de larmes.

Le bon Foka nous jeta un coup d'œil en dessous et, ouvrant la porte du vestibule, se détourna pour répondre: « C'est le sixième jour qu'elle ne *daigne pas* sortir de la chambre à coucher. »

Milka, qui n'avait cessé de gémir depuis le jour où sa maîtresse était tombée malade, comme je l'appris ensuite, se jeta avec joie au-devant de papa, sauta sur lui, jappant et lui léchant les mains.

Mais il la repoussa et passa au salon, puis, de là, dans le fumoir dont une porte donnait directement dans la chambre à coucher. Plus il approchait de cette chambre, plus ses mouvements indiquaient son trouble intérieur. Entrant dans le fumoir, il marcha sur la pointe des pieds, respira à peine et fit le signe de la croix avant de toucher à la serrure de la porte close. En ce moment, accourait du corridor Mimi, non peignée et le visage en larmes.

— Oh! Piotr Alexandrovitch, dit-elle chuchotant avec l'expression d'une vraie désolation.

Et remarquant que papa s'apprêtait à ouvrir la porte, elle dit bien vite :

— On ne peut passer par ici. L'entrée est par l'autre porte.

Oh ! comme tous ces menus faits ajoutaient encore à ma douleur !

Nous entrâmes dans la chambre des bonnes. Dans le couloir, vint au-devant de nous Akim, le sot qui nous amusait tant avec ses étranges grimaces ; mais, en ce moment, non seulement il ne me parut pas ridicule, mais rien ne me frappa autant que la vue de sa figure indifférente et morne.

Dans la chambre des bonnes, deux jeunes filles, occupées à je ne sais quel ouvrage, se levèrent et nous saluèrent avec une expression si triste que je commençais à avoir horriblement peur. Papa traversa la chambre de Mimi, ouvrit la porte de la chambre à coucher et nous entrâmes.

À droite de la porte, deux fenêtres voilées par de grands châles ; auprès d'une de ces fenêtres était assise Natalia Savichna, des lunettes sur le nez ; elle tricotait un bas. Elle ne nous embrassa pas comme elle en avait l'habitude ; elle se leva seulement un peu, nous regarda sous ses lunettes et se mit à pleurer à chaudes larmes.

Ce qui m'impressionnait davantage, c'est que chacun, en nous voyant, se prenait à pleurer. Ah ! ce n'était pas comme cela que nous avions l'habitude d'être accueillis. À gauche de la porte, se trouvait un paravent, et, derrière le paravent, le lit, une petite table, une armoire couverte de médicaments et un grand fauteuil dans lequel sommeillait le docteur ; près de lui, se tenant debout, une jeune fille très blonde, d'une beauté remarquable, vêtue d'un peignoir blanc. Les manches retroussées, elle maintenait une compresse glacée sur la tête de maman, que je ne pouvais apercevoir. Cette fille était *la belle Flamande* dont maman parlait dans sa lettre et qui devait jouer, par la suite, un rôle si important dans notre vie de famille. Aussitôt que nous fûmes entrés, elle retira une des mains qu'elle appuyait sur la tête de maman et arrangea son corsage en désordre.

Puis elle chuchota :

— Elle a le délire !

J'étais terriblement angoissé en ce moment ; néanmoins, j'observai jusqu'aux moindres détails. Dans la chambre, il faisait sombre, un peu chaud, et l'on sentait des parfums mélangés de menthe, d'eau de Cologne, de camomille, de gouttes de Hoffmann. Cette dernière odeur me frappa à ce point que non seulement quand j'en entends parler, mais aussitôt que je m'en souviens, mon imagination me reporte dans cette chambre et me permet de retrouver jusqu'aux moindres détails de ces terribles instants.

Les yeux de maman étaient ouverts, mais elle ne voyait rien... Non, je n'oublierai jamais cet horrible regard ! Il exprimait tant de souffrances !

Bientôt, on nous éloigna tous.

Quand, plus tard, je questionnai Natalia Savichna sur les derniers moments de maman, voici ce qu'elle me raconta :

— Lorsqu'on vous a emmenés de la chambre, elle s'agita encore longtemps, la colombe, comme si quelque chose la suffoquait ; puis, elle laissa glisser sa tête sur l'oreiller, s'assoupit et respira paisiblement. On eût dit alors un ange du ciel. Je sortis un instant pour voir pourquoi on n'apportait pas sa potion. Et quand une seconde après je revins auprès d'elle, la chérie, elle se prit à rejeter tout ce qui la couvrait, appelant à elle votre père ; il se pencha alors vers elle ; mais elle n'a plus de force déjà pour dire ce qu'elle veut : dès qu'elle ouvre les lèvres, elle recommence à haleter. « Mon Dieu ! Seigneur ! les enfants ! Les enfants ! »

« Je voulus aller vous chercher ; mais Ivan Vassilitch m'en empêcha, me disant que cela l'agiterait davantage encore, qu'il valait mieux ne pas vous faire voir. Elle ne fit plus ensuite que soulever et abaisser sa main. Et que voulait-elle dire par ce geste ? Elle voulait vous bénir de loin, certainement. Mais, comme cela se voit, le bon Dieu n'a pas voulu qu'elle jetât un dernier coup d'œil sur ses petits enfants.

« Enfin, elle se releva encore une fois, la colombe, joignit comme cela les mains, rouvrit encore la bouche et, d'une voix que je ne peux retrouver : "Mère de Dieu, protège-les !"... fit-elle.

« En ce moment, les douleurs se fixèrent au cœur. On voyait à ses yeux qu'elle souffrait beaucoup, la douce, la pauvre chérie. Elle tomba sur les oreillers, serra les draps entre ses dents, et les larmes, mon petit père, coulent et coulent...

— Et puis après, demandai-je ?

Mais Natalia Savichna était incapable de dire un mot ; elle se détourna et commença à pleurer amèrement. Maman avait expiré dans des douleurs effroyables.

## XXVII

## Chagrin

Le lendemain soir, fort tard, je voulus encore une fois la regarder et, contenant un involontaire sentiment d'effroi, j'ouvris doucement la porte et j'entrai sur la pointe des pieds dans la chambre mortuaire.

Au milieu de la pièce, sur la table, était le cercueil ; tout autour les bougies à demi consumées, dans de hauts chandeliers d'argent ; dans un coin éloigné, se tenait le diacre qui, d'une voix tranquille et monotone, marmottait les psaumes.

Je m'arrêtai sur le seuil et regardai ; mais j'avais les yeux tellement voilés de larmes et les nerfs à ce point surexcités, que je ne distinguais rien ; tout se brouillait devant mes yeux : les lumières, le brocart, le velours, les énormes chandeliers, l'oreiller rose entouré de dentelle, la couronne de fleurs, le bonnet garni de rubans, et puis ce quelque chose de transparent, couleur de cire...

Je m'assis sur une chaise et me mis à contempler sa figure ; mais, à la place où elle se trouvait, m'apparut de nouveau ce quelque chose si pâle, si transparent, si jaune...

Ne pouvant m'imaginer que c'était là sa figure, je fixais mes regards plus attentivement dans cette direction, et, au fur et à mesure que je regardais, je retrouvais les traits connus et mignons.

Je tremblai d'effroi quand j'eus acquis la certitude que c'était elle ; mais pourquoi ses yeux clos sont-ils à ce point creusés ? Et pourquoi cette horrible pâleur ? Et, sur une joue, cette tache noire sous la peau transparente ? Pourquoi, par toute la figure, cette expression froide et sévère ? Pourquoi ces lèvres, d'un dessin si pur, si parfaitement fermées ? Et ces lignes si reposées qu'elles n'ont plus rien d'humain et qu'un frisson vous court par tout le corps quand le regard s'y arrête ?

Je regardais et je sentais qu'une force invisible, invincible, attirait mes regards vers cette figure sans vie. Je ne pouvais détacher mes yeux de ses yeux à *elle*, et mon imagination me représentait une suite de tableaux débordant de vie et de bonheur. J'oubliais que le corps mort qui était là, devant moi, et que je regardais stupidement, comme un objet qui n'a plus aucun rapport avec mes souvenirs, était *Elle*. Je me l'imaginais dans différentes attitudes : vivante, gaie, souriante ; puis, tout à coup, j'étais frappé par une ligne dans sa figure pâle, qui arrêtait mon œil : je me rappelais l'horrible réalité, je tremblais, mais je ne cessais pas de regarder.

Et, de nouveau, les rêves se changèrent en réalité. Et, de nouveau, la conscience de la réalité fit envoler les rêves !

Enfin, l'imagination, se fatiguant, cessa de me leurrer ; la conscience de la réalité disparut également et j'oubliai.

Je ne saurais dire combien de temps je passai dans cet état, je sais seulement que, pendant un long espace de temps, j'oubliai que j'existais, ressentant néanmoins dans mon inconscience une inexprimable jouissance.

« Peut-être, en s'envolant dans un monde meilleur, son âme admirable s'est-elle détournée avec tristesse de celui où elle nous a laissés ; ou a-t-elle entrevu mon chagrin, s'est-elle apitoyée sur lui, et, sur les ailes de l'amour avec un sourire du ciel, est-elle redescendue sur la terre pour me calmer et pour me bénir ! »

La porte grinça et un nouveau diacre vint pour remplacer l'autre. Ce bruit me réveilla. Et la première idée qui me vint à l'esprit fut que, « comme je ne pleure pas et reste là, sur ma chaise, en apparence inerte, dans une posture qui n'a rien de désolé, on doit me prendre pour un garçon insensible qui, par pitié ou curiosité, monte sur la chaise et demeure là ».

Je fis le signe de croix, je m'inclinai et commençai à pleurer.

En me souvenant de toutes ces impressions, je remarque à présent que mon plus complet moment d'inconscience fut en même temps le point culminant de ma douleur.

Je ne pouvais pas pleurer, mais j'étais triste. Et j'ai honte de me souvenir de cette tristesse, parce qu'il me semble qu'il s'y mêla constamment quelques pointes d'amour-propre ; par exemple je tenais à faire voir que j'avais plus de chagrin que tout le monde; je voulais constater l'effet que je produisais sur les autres. C'était encore une curiosité sans objet qui me portait à faire des observations sur le bonnet de Mimi et sur les invités. Je me méprisais alors, parce que je n'éprouvais pas l'unique sentiment de chagrin qu'il aurait fallu et que je ne montrais pourtant que celui-là, m'efforçant de cacher tous les autres. Mon chagrin était donc faux, superficiel?

De plus, j'éprouvais une certaine jouissance de me savoir malheureux.

Je m'efforçais de réveiller le sentiment de mon malheur, et ce sentiment égoïste étouffait en moi la peine réelle.

Cependant, je dormis profondément et paisiblement, comme il arrive d'ordinaire après un grand chagrin, et je me réveillai le lendemain, avec des larmes séchées et les nerfs apaisés.

À dix heures, on nous appela pour la messe qu'on dit avant d'emporter le corps.

La chambre était pleine de serviteurs et de paysans qui, tout en pleurs, venaient dire adieu à leur barinia.

Pendant la messe, je pleurai comme il faut, je fis des signes de croix et je m'inclinai jusqu'à terre; mais je ne priai pas du fond de l'âme et j'étais assez indifférent. Je m'inquiétai de ce que mon nouveau frac deviendrait; il me serrait trop sous le bras. Ou je pensais à ne pas trop salir mon pantalon aux genoux et je faisais des observations en cachette sur chacun.

Le père se tenait à la tête du cercueil, pâle comme un mouchoir, et, avec des efforts visibles, cherchait à contenir ses larmes.

Sa grande stature, son habit noir, sa figure pâle et expressive, et, comme toujours, ses manières gracieuses et assurées, quand il faisait le signe de croix, s'inclinait et touchait des mains la terre, prenait la bougie des mains du prêtre en s'approchant du cercueil, imposaient par leur extraordinaire dignité.

Mimi restait appuyée au mur et semblait pouvoir à peine se tenir sur ses jambes. La robe qu'elle portait était chiffonnée, son bonnet était mis de côté, ses yeux étaient enflammés et rouges et sa tête tremblait; elle ne cessait de sangloter d'une façon qui nous déchirait le cœur, et couvrait sans cesse sa figure de son mouchoir et de ses mains.

Il me semblait qu'elle faisait ainsi pour cacher sa figure aux étrangers, pour se reposer des sanglots qu'elle feignait.

Je me rappelai que, la veille, elle disait à papa que la mort de maman était pour elle un coup si rude qu'elle ne pensait pas le pouvoir supporter, qu'elle lui avait tout enlevé. Elle ajouta que cet ange (avant la mort) lui avait affirmé qu'elle ne l'avait pas oubliée et qu'elle avait imposé sa volonté de garantir pour toujours l'avenir de Kategnka et le sien.

Elle racontait cela, en pleurant ; et peut-être le sentiment de sa douleur était vrai. Néanmoins, il n'était plus, à mes yeux, exclusif et pur.

Lioubotchka, dans sa robe noire garnie de pleureuses[1] trempées de larmes, courbait la tête, regardant de temps en temps le cercueil. Et sa figure n'exprimait rien de plus qu'une peur enfantine. Kategnka restait près de sa mère, et, malgré sa figure allongée, était rose et reposée.

La nature ouverte de Volodia se montrait jusque dans son chagrin : ou bien il restait pensif, fixant un œil immobile sur un objet quelconque, ou bien sa bouche commençait à tourner de côté, et il se hâtait de faire des signes de croix et des inclinaisons de tête.

Tous les étrangers venus pour l'enterrement m'étaient insupportables : des phrases consolatrices à papa – qu'elle sera mieux là, qu'elle n'était pas pour ce monde – soulevaient en moi une vraie colère.

Quels droits ont-ils pour parler d'*elle* et la pleurer ? Quelques-uns, en parlant de nous, nous ont appelés *orphelins*, comme si on ne savait pas que les enfants qui n'ont pas leur mère s'appellent de ce nom. Il leur plaisait probablement qu'eux les premiers nous donnassent ce nom, comme par habitude, on se hâte de dire à la jeune fille nouvellement mariée : Madame.

Dans un coin éloigné, presque dissimulée derrière une porte de buffet, une vieille femme voûtée était à genoux. Les mains jointes et les yeux au ciel, elle priait. Son âme s'élançait vers Dieu, le suppliant qu'il la liât avec celle qu'elle avait aimée plus que tout au monde. Et elle espérait que sa prière serait exaucée.

« En voilà une qui l'aime véritablement », pensai-je, et j'eus honte de moi-même.

---

1. Garniture de deuil.

La messe s'acheva ; la figure de la défunte fut découverte et tous les assistants, excepté nous, un à un, s'approchèrent et embrassèrent la morte. La dernière qui s'avança pour dire adieu à la défunte était une certaine paysanne avec une jolie fillette de cinq ans dans ses bras, que, Dieu sait pourquoi, elle avait amenée.

En ce moment, je laissai tomber par mégarde mon mouchoir humide et je voulus le ramasser ; mais à peine m'étais-je incliné, qu'un cri horrible et effrayant retentit et me remplit d'un tel effroi, que, dussé-je vivre cent ans, je ne pourrai l'oublier. Et, quand je m'en souviens, c'est toujours avec le même frisson par tout le corps.

Je levai la tête. Sur la banquette, près du cercueil, était la paysanne en question. Elle retenait difficilement entre ses bras la fillette qui, battant l'air de ses petites mains, rejetant en arrière son visage épouvanté et fixant ses yeux agrandis sur la figure de la défunte, criait d'une voix stridente.

Je poussai un cri plus fort que celui que j'avais entendu et courus hors de la chambre. C'est en ce moment que je compris l'effet que peut produire cette odeur suffocante qui se mêle à l'encens et remplit la chambre des morts. Et l'idée que cette figure qui était, quelques jours auparavant, pleine de beauté et de douceur, la figure de *Celle* que j'aimais le plus au monde, pouvait inspirer un sentiment d'horreur – comme si, pour la première fois, j'avais découvert la vérité amère – me remplit l'âme de désolation.

## XXVIII

### Derniers souvenirs

Maman n'existait plus ; mais notre vie se poursuivit de la même façon. Nous nous levions et nous couchions à la même heure ; et, dans la même chambre, chaque matin et chaque soir, le dîner, le souper, tout était réglé de la même façon ; les tables, les chaises étaient à la même place ; rien n'était changé aux conditions de notre vie ordinaire. Mais *Elle* manquait... Il me semblait qu'après un pareil malheur tout devait se transformer : la routine de notre vie habituelle me paraissait blessante pour son souvenir et me rappelait plus vivement son absence.

La veille de l'enterrement, après le dîner, je voulus dormir. J'allai dans la chambre de Natalia Savichna, content de retrouver ma petite place sur son lit, sur le doux matelas de plume, sous les chaudes couvertures ouatées... Quand j'entrai, Natalia Savichna était étendue sur son lit et probablement sommeillait. Elle entendit le bruit de mes pas et ouvrit les yeux ; puis elle jeta les mouchoirs de laine qui la couvraient pour la préserver des mouches et, ayant arrangé son bonnet, elle s'assit sur le lit.

Comme il m'était plus d'une fois arrivé, tant avant qu'après le dîner, de venir dormir dans sa chambre, elle comprit pourquoi j'étais venu et me dit :

— Quoi ?... Probablement, vous êtes venu pour vous reposer, mon pigeon ? Couchez-vous.

— Mais non, Natalia Savichna, dis-je en la retenant par la main. Je ne suis pas du tout venu pour cela... je suis venu comme cela... Mais vous êtes fatiguée. Couchez-vous plutôt.

— Non, petit père, je ne dormais pas, répondit-elle. (Je savais qu'elle ne dormait pas depuis trois nuits.) Ce n'est pas le moment de dormir, ajouta-t-elle avec un profond soupir.

J'avais grande envie de causer avec Natalia Savichna de notre malheur. Je connaissais sa sincérité et son amour; et c'eût été pour moi un véritable soulagement de pleurer avec elle.

— Natalia Savichna, dis-je après une pause et d'un air absorbé, vous étiez-vous attendue à cela?

La vieille femme me regarda avec un mélange d'étonnement et de curiosité. Probablement, elle ne savait pas ou ne comprenait pas pourquoi je faisais cette question.

— Qui pouvait s'attendre à cela? répétai-je.

— Ah! mon petit père, dit-elle, jetant sur moi un coup d'œil sympathique et attendri. Non seulement on ne pouvait s'y attendre, mais même aujourd'hui je ne peux pas y penser, à cela... À moi, vieille femme, oui... Il aurait fallu, depuis longtemps, mettre mes os au repos. Mais voilà... jusqu'à quand survivrai-je? Dieu le sait: le vieux barine, votre grand-père – *Souvenir éternel*[1]! – le prince Nikolaï Mikhaïlovitch, deux sœurs, la sœur Anouchka... Je les ai tous enterrés, et tous étaient plus jeunes que moi... Et voilà... probablement pour mes grands péchés, ma destinée est de leur survivre à tous. Que *Sa* sainte volonté soit faite! Il l'a prise probablement parce qu'elle était digne; car il en a besoin, là-haut, de bonnes âmes!

Cette simple idée me frappa doucement et je m'approchai plus près de Natalia Savichna. Elle me mit les mains sur la poitrine et éleva ses regards au ciel; ses yeux enfoncés et humides exprimaient un grand mais tranquille désespoir. Elle espérait fermement que Dieu ne l'avait pas séparée pour longtemps de *Celle* sur laquelle pendant tant d'années s'étaient concentrées toutes les forces de son amour.

— Oui, mon petit père, y a-t-il donc si longtemps que je la berçais, que je l'emmaillotais et qu'elle m'appelait *Nachik*[2]?

« Elle courait comme ça autour de moi, m'entourait, comme cela, le cou de ses petites mains et m'embrassait si gentiment

---

1. Expression de deuil.
2. Diminutif de Natalia.

en disant : "Ma petite Nachik ! Ma petite beauté ! Ma petite dinde !" Et moi, je plaisantais comme cela et je lui répondais : "Pas vrai, ma petite mère, vous ne m'aimez pas ? Voilà... Quand vous grandirez, vous vous marierez et vous oublierez votre Nacha." Et elle, se prenant à songer : "Non, disait-elle, je ne me marierai pas du tout si on ne peut pas prendre Nacha avec, non. Je n'abandonnerai jamais Nacha." Et voilà qu'elle m'abandonne, elle, sans prendre même le temps de m'attendre.

« Et comme elle m'aima, la défunte ! Et, qui n'a-t-elle pas aimé ? Disons la vérité. Oui, petit père, votre maman, vous ne devez pas l'oublier. Ce n'était pas une créature de la terre... C'était un ange du ciel. Quand son âme sera dans le ciel, elle vous aimera, là aussi. Elle se réjouira avec vous.

— Et pourquoi dites-vous, Natalia Savichna, « quand elle sera dans le ciel » ? Est-ce qu'elle n'y est pas déjà ?

— Non, mon petit père, fit Natalia, abaissant la voix et se rapprochant de moi, sur le lit. En ce moment, son âme est ici.

Et elle faisait le geste « en haut ».

Elle parlait, chuchotant presque, et cela, avec une telle assurance qu'involontairement je levai les yeux et regardai la corniche comme pour y chercher quelque chose.

— Avant que l'âme du juste aille au Paradis, il lui faut, auparavant, traverser jusqu'à quarante épreuves, mon petit père. Elle peut donc être encore pendant quarante jours dans sa maison.

Elle me parla longtemps ainsi, dans le même sens, avec une telle simplicité, une si grande assurance qu'il semblait qu'elle racontât des choses ordinaires qu'elle avait vues elle-même, et dont il était impossible de concevoir le moindre doute.

Je l'écoutais en retenant ma respiration, et, sans bien comprendre ce qu'elle disait, je la croyais entièrement.

— Oui, mon petit père, en ce moment, elle est ici, elle nous regarde, elle nous écoute, oui, elle écoute peut-être ce que nous disons...

Et, inclinant la tête, elle se tut.

Elle avait besoin d'un mouchoir pour essuyer ses larmes qui coulaient. Elle se leva, me jeta un coup d'œil droit dans la figure et me dit d'une voix tremblante, tant elle était émue :

— Le bon Dieu me rapproche, comme cela, très fort de lui. Que me reste-t-il à faire ici, maintenant ? Pour qui vivrai-je ? Qui aimerai-je ?

— Mais nous, est-ce que vous ne nous aimez pas ? dis-je sur un ton de reproche et retenant mes larmes.

— Dieu sait comme je vous aime, mes petits pigeons... Mais, comme je l'aimais, je n'ai jamais aimé et je n'aimerai jamais.

Ne pouvant plus parler, elle se détourna et sanglota bruyamment.

Je ne pensais plus à dormir. Nous restâmes, comme cela, l'un devant l'autre et pleurant.

Foka entra dans la chambre. Quand il nous aperçut ainsi, il eut peur de nous déranger et resta sur le seuil, timide et muet.

— De quoi as-tu besoin, Foka ? demanda Natalia Savichna en s'essuyant les yeux et le visage avec son mouchoir.

— Il me faudrait une demi-livre de malaga, quatre livres de sucre et des grains de riz pour faire la *koutia*[1].

— Tout de suite, tout de suite, mon petit père, fit Natalia Savichna en prenant un peu de tabac dans sa tabatière.

Et, avec des petits pas rapides, elle se dirigea vers un coffre. Le dernier vestige du chagrin produit par notre entretien avait disparu. Et elle s'occupait de son devoir qu'elle considérait comme très important.

— Et pourquoi quatre livres ? dit-elle en grommelant, pesant et repesant le sucre. Ce sera assez avec trois et demie.

Et elle enleva du plateau ce qu'elle jugeait en trop.

— Mais qu'est-ce que cela veut dire ? Déjà hier j'ai donné huit livres de riz. Et on m'en redemande aujourd'hui ? Comme tu y vas, Foka Demiditch ! Je ne donnerai plus que juste ce qu'il faudra. Cette Vagnka est une prodigue, une brouillon dans la maison. Elle pense qu'on n'y verra rien. Non. Je ne donnerai pas comme cela le bien des barines, inutilement. Est-ce qu'on a jamais vu ça ? huit livres !

— Comment faire alors ? Elle dit que tout est consommé.

— Eh bien, voilà ! Prends pour cette fois !...

Je demeurai frappé de ce contraste étrange qui, en si peu de temps, s'était manifesté chez Natalia : un instant avant, la douleur, le désespoir en ses plus tragiques épanchements, et tout à

---

1. Riz cuit avec des raisins secs qu'on mange après la messe pour un mort.

coup la réalité en ses plus mesquines étroitesses. En réfléchissant, par la suite, je compris que ce poids qu'elle avait sur le cœur n'avait pas enlevé à Natalia sa conception du devoir à remplir et que, d'ailleurs, la force de l'habitude la ramenait à ses occupations journalières. Le chagrin l'avait empoignée au point qu'il ne lui vint pas à l'idée de cacher qu'elle était capable néanmoins de s'intéresser à sa besogne habituelle. Elle aurait été incapable même de comprendre comment pouvait venir une pareille idée. L'amour-propre est certainement le sentiment le plus incompatible avec le vrai chagrin; et, d'autre part, il est si bien inhérent à la nature humaine qu'il est fort rare qu'un chagrin soit assez violent pour réussir à le chasser. L'amour-propre dans le chagrin se manifeste par le désir de paraître chagrin, ou malheureux, ou stoïque, et ce désir bas que nous nous gardons d'avouer, mais qui, dans les plus grandes douleurs même, ne nous quitte pas, ce désir enlève au chagrin sa force, sa sincérité, sa dignité. Quant à Natalia, elle était si profondément frappée que son âme était pour jamais vide de désir et qu'elle ne devait de vivre qu'à la force de l'habitude. Après avoir donné à Foka les provisions qu'il réclamait et lui avoir recommandé le gâteau destiné aux chantres, elle le laissa aller, reprit son bas et vint se rasseoir près de moi.

Et la conversation recommença sur le même sujet. Et, de nouveau, nos pleurs coulèrent, et nous essuyâmes nos larmes.

Ces entretiens avec Natalia se renouvelèrent chaque jour. Ces larmes paisibles et ces pieuses causeries régulières produisaient sur mon âme l'effet des meilleures consolations.

Mais, bientôt, il fallut se séparer: trois jours après l'enterrement, toute la maison et nous-mêmes partîmes pour Moscou, et je ne devais plus la revoir.

La babouchka ne connut la triste nouvelle qu'avec notre arrivée, et son désespoir fut excessif.

On ne put nous laisser à la maison, car elle fut presque une semaine entière sans connaissance.

Les docteurs craignirent pour sa vie; car non seulement elle se refusait à prendre tout remède, mais elle ne parlait plus à personne, ne dormait plus, ne mangeait plus...

Quelquefois, seule, dans sa chambre, sur son grand fauteuil, elle sanglotait sans larmes. Puis, les convulsions la prenaient et elle criait d'une voix stridente des mots sans suite, des mots horribles...

C'était le premier grand chagrin qui la frappait, et ce chagrin naturellement la menait au désespoir.

Il lui fallait accuser quelqu'un dans son malheur. Certain jour, elle se prit tout à coup à menacer autour d'elle, gesticulant avec une force extraordinaire, disant d'affreuses paroles... puis, quittant son fauteuil, elle se mit à arpenter la chambre à grands pas précipités, et enfin elle tomba sans connaissance.

Un jour, j'entrai dans sa chambre. Elle resta, comme à l'ordinaire, dans son fauteuil et paraissait tranquille; mais son regard me frappa. Ses yeux étaient grands ouverts; mais le regard était morne, sans vie. Elle me regarda, droit, mais certainement ne me vit pas. Ses lèvres commencèrent lentement à sourire et elle se prit à parler d'une voix tragique et touchante.

— Viens ici, chère amie. Viens, mon ange.

Je pensai qu'elle s'adressait à moi et je m'approchai; mais elle ne me regardait pas.

— Ah! si tu savais, mon âme, comme j'ai été tourmentée et comme je suis à présent heureuse que tu nous sois revenue...

Je compris qu'elle s'imaginait voir maman et je ne bougeai pas.

— Et on m'a dit que tu n'es plus, continua-t-elle en fronçant ses sourcils, voilà des bêtises! Est-ce que tu peux mourir avant moi?

Et elle se prit à éclater d'un effroyable rire.

Les gens qui aiment fortement sont seuls susceptibles d'éprouver des douleurs très vives. Et la même nécessité d'aimer leur sert à supporter le chagrin et leur permet également d'en guérir. Pour cette raison, la nature morale de l'homme est plus vivace que sa nature physique: le chagrin ne tue jamais.

Une semaine entière se passa avant que la babouchka pût pleurer. Par ce fait, elle se trouva mieux; ses premières idées, quand elle revint à elle, se reportèrent sur nous, et son amour pour nous se trouva comme accru de sa précédente indifférence.

Nous ne quittions pas son fauteuil; elle pleurait tranquillement, parlait de maman et nous caressait tendrement.

Personne n'aurait pu croire, en voyant l'expression du chagrin de la babouchka, que l'intensité de sa douleur, dans le fond, aurait pu être appréciée en sens inverse de ses manifestations. Peut-être sentais-je ces choses, car je compatissais davantage à la douleur de Natalia Savichna que je ne voyais plus, et qui avait eu une si puissante et si heureuse influence sur la direction et le développement de mes sentiments.

Oui, je suis sûr, maintenant, que personne n'a jamais aimé maman si fortement, si noblement, et ne l'a regrettée d'une façon aussi touchante et aussi amère que cette noble et aimante créature.

Ce grand événement de la mort de maman clôtura pour moi la période de mon enfance et fit place à cette phase nouvelle de ma vie : l'adolescence.

Mais comme le souvenir de Natalia Savichna, que je n'avais plus revue et qui avait eu une si chaude influence sur le développement de mes sentiments, appartient à la première époque, j'ajouterai ici quelques mots sur elle et sur sa mort.

Après notre départ, comme me l'ont, par la suite, raconté ceux que nous avions laissés à Petrovskoïé, Natalia s'ennuya beaucoup de ne rien faire.

Le bruit et le souci de la maison du barine lui manquaient, de cette maison de campagne dans laquelle elle avait été habituée dès l'enfance.

Le chagrin, le changement d'habitudes, l'absence de vie et de mouvement autour d'elle développèrent chez la pauvre femme une maladie de vieillard à laquelle elle était certainement prédisposée. Juste un an après la mort de maman, l'hydropisie se déclara et elle s'alita.

Je pense qu'il était difficile pour Natalia Savichna de vivre, et plus difficile encore de mourir seule dans la grande et vide maison de Petrovskoïé sans parents et sans amis.

Tout le monde, en effet, dans la maison aimait et estimait Natalia Savichna, quoiqu'elle ne se liât d'amitié avec personne, ce dont elle était fière. Elle croyait que, dans sa position d'économe qui a toute la confiance de ses barines et entre les mains de laquelle sont tant de responsabilités, tant de malles avec tant de richesses, l'amitié avec quelqu'un aurait pu conduire à de certaines faiblesses, à de certains compromis. C'est pour cette raison, ou peut-être même parce qu'elle n'avait, en réalité, rien de commun avec les autres serviteurs, qu'elle se tenait à côté de toute camaraderie, disant qu'elle n'avait, dans la maison, ni compère ni parents, et que, pour rien au monde, elle ne permettrait qu'on touchât aux biens des barines.

En confessant à Dieu, dans la ferveur de sa prière, ses sentiments, elle chercha et elle trouva le soulagement; mais, quelquefois, en de ces moments de faiblesse auxquels nous sommes tous sujets, quand le meilleur soulagement est, pour l'homme, les larmes et la compassion aux souffrances des autres, elle mettait sur son lit son petit chien Moska (qui lui léchait les mains en les fixant de ses yeux jaunes), lui parlait et, en pleurant, le caressait tranquillement. Quand Moska commençait à gémir plaintivement, elle s'efforçait de le calmer, disant: « Laisse donc, je sais, même sans toi, que je mourrai bientôt. »

Un mois avant sa mort, elle sortit de sa malle de la cretonne blanche, de la mousseline blanche et des rubans roses; et, aidée de sa jeune servante, elle se fit une robe blanche, un bonnet, et commanda jusqu'aux moindres détails pour son enterrement. Elle mit également en ordre les malles des barines, et, avec le plus grand scrupule de conscience, remit tous ses comptes à la gérante. Puis, elle s'occupa à qui laisser des robes de soie, un vieux châle que la babouchka lui avait jadis donné, l'uniforme du grand-père brodé d'or qui également avait été laissé à sa complète disposition. Grâce à ses soins, la broderie et le galon de l'uniforme étaient encore parfaitement frais et le drap non attaqué par les mites. Avant la fin, elle exprima le désir qu'on donnât une de ses robes – la rose – à Volodia pour une robe de chambre (*bechmet*); l'autre, couleur perse, à carreaux – à moi et pour le même usage; et le châle – à Lioubotchka. L'uniforme, elle le légua en héritage à celui de nous deux qui deviendrait officier. Tous ses autres biens, hormis quarante roubles qu'elle mit de côté pour l'enterrement et pour les messes, elle les laissa à son frère, son frère qui était depuis longtemps libre et qui habitait un gouvernement éloigné où il menait la vie la plus dévergondée. C'est pour cette raison qu'en les dernières années de sa vie, elle eut si peu de rapports avec lui.

Quand ce frère se présenta pour recevoir les biens de la défunte, il trouva vingt-cinq roubles en papier. Il ne voulut pas croire que ce fût là tout l'héritage et disait qu'il était impossible qu'une vieille femme qui a passé soixante ans dans la maison d'un barine, qui a eu tant de charges en les mains, et a vécu toute sa vie comme un avare tremblant pour le moindre chiffon, ne laissât pas davantage. C'était ainsi pourtant. Natalia Savichna souffrit beaucoup pendant les deux mois que dura sa maladie et supporta ses souffrances avec la résignation d'une vraie chrétienne : elle ne murmura pas, elle ne se plaignit pas ; seulement, par habitude, elle répétait sans cesse « Dieu ». Une heure avant la mort, elle se confessa avec une joie sereine, elle communia et reçut les derniers sacrements.

À tous les membres de la maison elle demanda pardon des torts involontaires qu'elle avait pu leur faire et pria son confesseur – le père Vassili – de nous dire à tous qu'elle ne savait comment nous remercier de nos bienfaits, qu'elle nous priait de lui pardonner, si, par sa sottise, elle avait chagriné l'un ou l'autre de nous.

« Mais, voleuse, je ne l'ai jamais été, et je puis dire que je n'ai fait tort, pas même d'un fil, aux biens des barines. » C'était le seul bon côté que la brave Natalia reconnaissait en elle.

Elle revêtit la robe qu'elle avait préparée, le bonnet et, appuyée sur des coussins, elle ne cessa, jusqu'à la fin, de s'entretenir avec le prêtre. Se souvenant qu'elle n'avait rien laissé aux pauvres, elle remit au prêtre dix roubles, le priant de les distribuer à l'église ; puis elle fit un signe de croix, se coucha et exhala son dernier souffle en prononçant le nom de Dieu avec un sourire d'allégresse. Ainsi, elle quitta la vie sans regret, sans effroi de la mort, qu'elle reçut comme un bienfait.

On dit souvent cela, mais comme c'est rare, en réalité !

Natalia Savichna pouvait ne pas avoir peur de la mort ; car elle mourut dans des croyances inébranlables et dans l'accomplissement des préceptes de l'Évangile. Sa vie entière pouvait se résumer ainsi : pureté, amour désintéressé, dévouement. Et, si ces croyances avaient pu être plus élevées, sa vie dirigée en apparence vers un but plus noble, est-ce que cette âme pure serait devenue, pour cela, plus digne d'amour et d'admiration ?

Elle a accompli l'acte le meilleur et le plus grand dans la vie de ce monde : mourir sans regret ni peur.

On l'enterra, suivant son désir, non loin de la chapelle qui recouvre la tombe de maman. Un tertre gazonné, où viennent à l'aise les orties et les bardanes, et qu'entoure un simple grillage noir, indique l'endroit où ses os reposent. Non, jamais je n'oublierai, en quittant la chapelle, ma visite à cette tombe si simple. Quelquefois, il m'est arrivé de faire une pause entre la chapelle et le sombre grillage. Alors, tout un monde de lourds, de tristes souvenirs se réveille en mon âme. Cette idée me vient : est-il possible que la Providence ait uni ma vie à celle de ces deux chères créatures, pour nous séparer ensuite et me forcer à les regretter éternellement ?...

628
Composition Chesteroc Ltd
Achevé d'imprimer en Italie par Grafica Veneta
en octobre 2016 pour le compte de E.J.L.
87, quai Panhard-et-Levassor, 75013 Paris
1er dépôt légal dans la collection février 2004
EAN 9782290339718

*Diffusion France et étranger : Flammarion*